La Villa
des
pierres suspendues

Du même auteur :

L'empreinte des ténèbres
Pour toi Anna

Chantal Jagu

La Villa des pierres suspendues

ROMAN

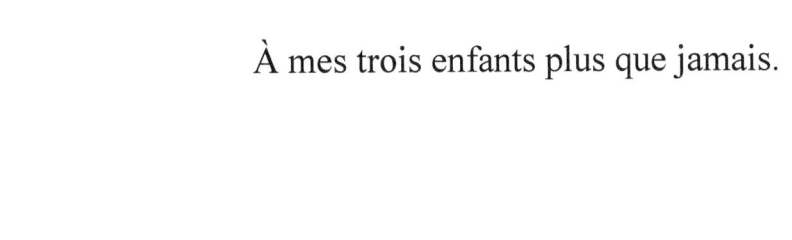

À mes trois enfants plus que jamais.

L'imagination est plus importante que le savoir.

Albert Einstein

Chapitre 1

Je venais de terminer de charger le coffre de ma vieille Mini Austin blanche et je réalisai soudain, en regardant les trois malheureux cartons qui s'y trouvaient, qu'ils étaient le parfait résumé de ma vie : une quinquagénaire divorcée et de surcroît au chômage. Il faut dire que ma vie n'avait été qu'une multitude de circonstances malchanceuses. Le bonheur ne devait pas être pour moi. La dernière preuve en date était la fermeture de la société d'entretien dans laquelle je travaillais depuis plus de vingt ans. La faute à qui ? La faute à la crise. La crise avait bon dos. Et moi Alice Simons, comme une fille bien docile, je n'avais pas eu le choix : accepter l'inéluctable et continuer à avancer malgré tout. Cela n'avait pas été facile au début et ma colère, mes larmes n'avaient rien changé. J'étais seule. Inexorablement seule. Oh ! Bien sûr ! Il y avait bien mon chat Bill et Lisa, mon amie qui était aussi ma voisine de palier !

Mais que pouvaient-ils faire tous les deux pour moi ? Rien. Mon chat restait un chat et j'aurais eu beau penser, espérer, il ne se transformerait pas en Chat botté. Et Lisa, voisine adorable, qui attendait depuis plus de sept ans le retour de son aimé. Nous n'étions pas sur la même longueur d'onde. Je m'accrochais à un espoir d'avenir tandis que cette dernière s'accrochait à ses dernières illusions. Pour ma part, il y avait longtemps que j'avais oublié ce que voulait dire, être aimée ou même respectée. Un mariage raté avait suffi. Et puis la brillante Alice Simons d'autrefois, toujours tirée à quatre épingles, avait disparu pour faire place à cette Alice quelconque qui voulait se fondre dans la masse afin d'oublier qu'un jour elle était sortie major d'une brillante université scientifique consacrée à la recherche quantique. La faute à qui ? Et bien la faute à l'ambition et à l'inexpérience d'une toute jeune femme !

Refouler le plus loin possible, ce besoin de gagner ma vie en ne faisant fonctionner que mes neurones ! Travailler de mes mains jusqu'à m'endormir le soir trop épuisée pour ressasser des souvenirs pénibles.

J'avais donc répondu à maintes annonces, envoyé mon curriculum vitae partout où il était possible de le faire, mais les réponses étaient toujours les mêmes. Pas assez qualifiée ou expérience insuffisante. Et au fil des semaines puis des mois, mes économies fondaient comme neige au soleil. Il me fallait quitter ce petit appartement que j'aimais tant et surtout quitter Londres. Cette ville devenue trop chère pour mes petits moyens.

Une semaine plus tôt, une annonce parue dans un journal gratuit avait attiré mon attention. « Urgent. Comté du Wiltshire. Recherche employée de maison pour seconder gouvernante. Logée et nourrie. Appeler le 00 44 845 327 353 » Je n'avais pas tardé à appeler. Et voilà, j'étais sur le départ.

Je refermai le coffre de ma Mini et grimpai quatre à quatre les trois étages qui menaient à mon appartement. Un dernier regard sur ce meublé qui avait été ma vie durant ces vingt dernières années et je sonnai à la porte d'en face. Lisa ne tarda pas à m'ouvrir. Je remarquai à son visage rougi et à ses yeux, encore brillants de larmes, qu'elle avait pleuré. Mon chat Bill m'attendait déjà dans son panier de voyage. Ses miaulements montraient à quel point il ressentait lui aussi les effets stressants de ce nouveau départ.

Et il n'y avait pas que lui dans cet état. J'avais une boule qui me nouait l'estomac et Lisa, petite femme brune et menue, n'osait me regarder, tant elle avait peur d'éclater en sanglots devant moi.

— Tu es sûre que tu n'as rien oublié ? réussit-elle pourtant à me demander.

— Je ne pense pas et si cela devait être le cas, eh bien, tu me le mettrais de côté jusqu'à ce que l'on se revoie. J'ai tout arrangé avec le propriétaire et il passe demain chez toi prendre les clés. Tu vas sûrement avoir de nouveaux voisins rapidement ! répondis-je d'un ton qui se voulait léger.

— Oh, je n'en doute pas, mais cela ne sera plus jamais pareil ! Tu vas me manquer Alice Simons !

Tu dois me promettre que si jamais cet emploi ne devait pas te convenir, tu reviendrais ici chez moi ! m'implora-t-elle.

— Je te remercie Lisa, mais je dois prendre ma vie en main et allez de l'avant. Je m'en veux de te dire cela, mais tu devrais en faire autant.

— Et laisser Marc ! Tu n'y penses pas et comment ferait-il après pour me retrouver ? s'écria-t-elle.

— Je suis désolée. Je ne voulais pas te faire souffrir.

— Oh ! Ce n'est rien. C'est le problème de toute ma vie ! Parlons plutôt de toi Alice. Je sais que sous des dehors simples se cache une femme brillante. Une femme dont je n'ai pas encore réussi à percer tous les secrets.

— Tu exagères. Je pense que dans chacune de nous se cache une femme exceptionnelle. Il est vrai que pour le moment, notre vie ne nous a laissé qu'un seul choix : celui de survivre. C'est pourquoi il est temps pour moi d'aller voir ailleurs.

— Tu sais que je t'envie d'avoir cette force de tout quitter et de tout recommencer de zéro !

— Tu peux toi aussi le faire Lisa !

— Non ! Je ne suis pas comme toi ! Je suis une femme que tout effraie et puis… il y a Marc !

— Pardonne-moi Lisa. Je n'ai pas le droit de te dicter la conduite que tu dois suivre ! Je ne veux que ton bien, lui répondis-je en lui touchant le bras.

— Je le sais Alice. Je m'inquiète aussi pour toi. Et si cette place ne te convenait pas ?

— J'y ai pensé, mais si je n'essaye pas, je ne saurai pas. Ma Lisa, il va falloir que j'y aille. La route risque d'être longue avec Bill qui ne comprend rien à ce qui se passe. Écoute-le miauler depuis qu'il est dans son panier de voyage !

Je m'approchai plus près de mon amie. Nous nous regardâmes quelques secondes dans les yeux puis nous nous jetâmes finalement dans les bras l'une de l'autre, comme deux sœurs que nous étions devenues. Je ne m'attardai pas trop et attrapai rapidement le panier de mon chat afin de masquer mon émoi.

— Je ne t'accompagne pas, me dit-elle, la voix tremblante d'émotion. C'est trop dur. Je te ferai un petit coucou par la fenêtre.

À peine avait-elle prononcé ces derniers mots que ses larmes coulèrent sans qu'elle ne puisse rien faire pour les retenir.

Je la regardai une dernière fois en lui faisant un petit signe de la main et quittai l'appartement. Une fois dans la rue, j'installai confortablement mon chat sur le siège passager puis levai une dernière fois la tête en direction du logement de Lisa. Mon émotion était palpable. Je lui fis simplement un petit signe de tête et montai dans mon véhicule.

Je mis le contact et sans un regard en arrière je pris la route pour Amesbury.

Chapitre 2

La documentation que je m'étais procurée quelques jours plus tôt me fut très utile. Après un peu plus d'une heure et quarante-cinq minutes de trajet, j'arrivais enfin à Amesbury, petite ville du comté du Wiltshire traversée par le fleuve Avon. Mon chat Bill s'était tenu tranquille tout le long de la route et j'hésitai, quelques secondes, en voyant le panneau de l'intersection situé à l'entrée de la cité. Me diriger tout droit vers le centre-ville ou bien tourner à gauche et m'orienter vers le site de Stonehenge.

En effet durant ces cent trente-six kilomètres, mon esprit n'avait eu de cesse de me rappeler la scientifique que j'avais été vingt-six ans plus tôt. Pourquoi ce rappel du passé, je ne le savais, mais une chose était certaine, je me sentais irrésistiblement attiré par cet endroit. C'était comme un appel. Je n'hésitai qu'un bref instant et puis tournai à droite.

Après quelques kilomètres, le site m'apparut enfin. Ce monument mégalithique composé d'un ensemble de structures circulaires concentriques, érigé entre moins 2800 et moins 1100, du néolithique à l'âge de bronze et inscrit sur la liste du patrimoine mondial de l'UNESCO. Je me garai sur l'aire de stationnement, vide de voitures, située non loin et rejoignis, à pied, le site. Je voulais m'imprégner de cette atmosphère avant de gagner ma nouvelle place. Je sortis mon appareil photo de ma poche et pris quelques clichés. Je pourrais lorsque j'aurais un peu de temps m'y consacrer. Je savais que ce n'était pas un hasard si une petite voix, que moi seule connaissais, m'avait conduite ici. Les messages, que je recevais, étaient parfois de vraies énigmes. Lorsque je fus bien imprégnée par tout ce qui m'entourait, je me dépêchai de regagner mon véhicule. Ma future place m'attendait.

Les indications qui m'avaient été données au téléphone me servirent à trouver facilement l'endroit. La maison du professeur Porter se tenait un peu à l'écart des lotissements. Je la trouvai facilement en apercevant la barrière de bois, les grands arbres qui entouraient la propriété, ainsi que le haut portail dont m'avait parlée, madame Smith, au téléphone.

Je me garai tout près de l'entrée et regardai ma montre. Elle indiquait cinq heures de l'après-midi. J'étais pile à l'heure pour mon rendez-vous. Mon chat dormait dans son panier. Je descendis donc de mon véhicule l'esprit tranquille. Les minutes, qui suivraient, seraient décisives pour notre avenir à tous deux.

Je me dirigeai vers le grand portail et activai la grande cloche en laiton. Le vent s'était levé et une petite pluie fine semblable à un crachin commença à tomber. Pour me protéger de ces intempéries, je boutonnai mon manteau. Cette attente me parut longue et interminable. J'actionnai une seconde fois la cloche. Soudain, j'entendis des pas crisser sur le gravillon et le grand portail s'ouvrit.

— Oui ! me demanda, d'un ton impatient, une femme, d'un certain âge, habillée tout de noir. Ce n'était pas gagné d'avance, telle fut la réflexion que je me fis à cet instant.

— Je suis Alice Simons et je suis venue pour la place. J'ai rendez-vous à cinq heures avec madame Smith, annonçai-je d'un trait.

— Je suis madame Smith et vous êtes en retard !

Le ton était donné.

— Euh ! Désolée !

Je ne pouvais rien répondre d'autre. Il devait être cinq heures passées de cinq minutes. Je me retins donc de le lui faire remarquer. J'avais trop besoin de cette place !

— Suivez-moi que je vous fasse visiter ! Je n'ai pas que ça à faire !

Et je la suivis sans un mot. Devant moi s'offrait la vue d'une grande maison qui s'apparentait plus à un petit manoir avec ses deux petites tours. Ma surprise était grande. De la rue, on ne pouvait s'imaginer la présence d'une telle propriété à cause des arbres qui longeaient la clôture. Je m'arrêtai un instant pour contempler l'ensemble. Une partie centrale avec terrasse couverte et une tour à chaque extrémité. Un immense jardin, laissé à l'abandon, entourait l'ensemble. Enfin une bonne nouvelle. Bill allait être heureux. À cette évocation, je souris. Cet endroit me plaisait. Peut-être, y avait-il quelques petites améliorations à y apporter et ce jardin de retrouver sa beauté d'antan ne me semblait pas impossible. Madame Smith me tira de ma rêverie en tapant du pied.

— C'est aujourd'hui ou pour demain ! Je n'ai pas que ça à faire !

— J'arrive, j'arrive, répondis-je simplement.

Cela n'allait pas être facile de me la mettre dans la poche. Madame Smith avait tout de la vieille femme aigrie qui menait son monde à la baguette. Une chose était certaine. J'étais patiente.

Et tandis que j'attendais sous la terrasse couverte qu'elle trouve la clé qui ouvrirait la porte d'entrée, je remarquai aussi que la demeure avait besoin d'un sérieux rafraichissement. Des pierres jonchaient le sol, et c'était là le signe flagrant d'un manque d'argent.

— En temps normal, nous ne passons pas par l'entrée principale, mais je ne retrouve plus la clé pour accéder par l'arrière de la propriété ! Les pièces, que nous allons traverser, ne sont plus occupées depuis longtemps ! Le chauffage coûte cher ! Il faudra veiller à cela et ne pas laisser les portes ouvertes à tout-va ! me fit-elle savoir toujours sur le même ton.

Je ne répondis rien et hochai simplement la tête pour lui faire comprendre que j'avais bien reçu le message. La poussière régnait en maîtresse dans les pièces que nous traversâmes. Et puis, il y avait surtout cette odeur de moisi qui me piquait le nez.

— Les salles que nous venons de passer sont condamnées. Vous devrez, une fois que je vous aurai remis la bonne clé, obligatoirement passer par l'arrière de la maison. Cela vous donnera directement accès à la cuisine, au bureau du professeur, à sa chambre et à celle qui vous est réservée. L'étage est condamné aussi. Il serait dangereux de vous y risquer ! De toute façon, vous aurez assez à faire ici ! C'est bien compris ! me demanda-t-elle enfin en me regardant droit dans les yeux.

— Oui. Tout à fait bien compris ! répondis-je simplement.

J'étais déjà ailleurs. Je me voyais déjà redonner vie à la maison.

— Le professeur ne revient qu'à la fin de la semaine. Il prend son petit déjeuner à sept heures, son déjeuner à treize heures et son dîner à vingt heures ! Sa chambre devra être faite tous les jours. Vous aurez en charge les courses, le ménage et la lessive ! Et vous ne devrez en aucun cas entrer dans le bureau du professeur !

Et pour bien marteler ses derniers mots, elle s'arrêta net et me regarda droit dans les yeux. Surprise, je faillis la heurter.

— Ménage, lessive, couses, petit déjeuner à sept heures, déjeuner à treize heures et diner à vingt heures. De plus, ne jamais entrer dans le bureau du professeur ! Message reçu !

Madame Smith resta quelques secondes bouche bée. Elle se reprit très vite et continua la visite des lieux.

— Ne vous attendez pas à ce que cela soit aussi facile ! Je sais de quoi je parle ! J'ai travaillé pendant plus de vingt ici en tant que gouvernante ! Ma remplaçante s'est malheureusement blessée en tombant d'un escabeau. Elle s'est fracturé le bassin, mais lorsqu'elle sera remise, elle reprendra sa place !

— C'est tout à fait normal, répondis-je simplement.

Madame Smith, devant ma réponse simple, ne put rien ajouter. Elle semblait presque déçue. Elle continua néanmoins à me faire visiter le reste de la maison. C'est-à-dire ma chambre, celle du professeur et la cuisine.

Je remarquai l'humidité qui régnait dans la maison dont la cause était obligatoirement le manque de chauffage. J'en fis part aussitôt à mon interlocutrice.

— J'avais pris pour habitude de ne pas chauffer la maison lorsque le professeur était absent. Ma remplaçante en a fait de même. Je pense que vous n'aurez pas trop de mal à en faire autant !

— C'est le professeur qui vous en a donné l'ordre ! m'exclamai-je, inquiète de devoir vivre ici sans un minimum de chaleur.

— Non ! Le professeur a d'autres soucis que de s'occuper de problèmes domestiques.

Je poussai un ouf de soulagement. Je n'avais maintenant qu'une hâte qu'elle quitte le plus rapidement la maison. Cela faisait maintenant plus d'une heure que nous faisions le tour de la propriété et elle commençait sérieusement à me taper sur les nerfs. Elle me remit enfin un double des clés de la fameuse porte de derrière qu'elle trouva dans un tiroir de la cuisine.

— Ne les perdez pas ! Il n'y en a pas d'autres !

— J'y ferai bien attention. Ne vous inquiétez pas !

Elle me regarda de la tête aux pieds, fit un semblant de sourire qui s'apparentait plus à une grimace puis ajouta :

— J'espère que vous ferez l'affaire !

Je ne répondis rien. Cela était préférable. Je tenais trop à cette place. J'ouvris simplement la porte de la cuisine qui donnait sur le jardin et l'invitai à quitter les lieux. Elle me jeta un regard noir puis consentit à sortir.

— Si vous avez besoin de quoi que ce soit, vous avez mon numéro, continua-t-elle.

— Oui, oui, madame Smith. Je vous promets de faire appel à vous si le besoin s'en faisait ressentir. La nuit va tomber et je dois encore décharger ma voiture. Bonsoir madame Smith !

Je la poussai doucement, mais sûrement vers la sortie.

Elle ouvrit la bouche comme pour ajouter quelque chose puis se ravisa aussitôt. Et elle quitta la maison. Je poussai un ouf de soulagement lorsque je la vis refermer derrière elle le portail de l'entrée.

Après un « YES ! » de soulagement, je me dépêchai de rentrer mon véhicule dans la cour. Bill devait en avoir marre de m'attendre.

Dans la demi-heure qui suivit, mes affaires étaient rangées dans ma chambre et mon chat découvrait son nouveau territoire.

Chapitre 3

Ma première nuit dans cette nouvelle maison ne fut pas des plus satisfaisantes. L'humidité et le manque de chaleur me firent me tourner, me retourner dans ce lit qui m'épuisait plus qu'il ne me reposait. Je n'avais de cesse que le jour se lève afin de redonner vie à cette magnifique demeure. Mon chat Bill avait déserté son panier afin de dormir en boule tout contre moi. Cela prouvait bien que ce manque de chaleur était bien le responsable de mon insomnie. Je ne pouvais me résoudre pourtant à me lever. Ma montre indiquait quatre heures du matin. Il me faudrait encore patienter deux petites heures. Je laissai donc mon esprit vagabonder et commençai à réfléchir à ma nouvelle vie. Un fait pourtant avait marqué mon esprit : ma voix s'était tue au moment où madame Smith avait quitté la maison. Que cela pouvait-il bien pouvoir dire ? Je me sentis soudain telle une orpheline comme si une partie de moi-même avait disparu. Du plus loin que je pusse reculer dans mes souvenirs, je n'arrivais pas à me rappeler quand cette voix était apparue. Elle semblait toujours avoir fait partie de moi.

Née un onze décembre 1962 à onze heures du soir avec trois mois d'avance sur le programme, j'étais bel et bien une très grande prématurée avec une problématique : mes chances de survie. Et donc je m'accrochais tant bien que mal à cette nouvelle vie qui s'offrait à moi. On ne comptait plus les réanimations et à chaque fois mon petit cœur repartait. Ma ténacité à vouloir vivre était grande, mais malheureusement toutes ces attentions, ses tracas détruisirent le mariage de mes parents. Ils se séparèrent d'abord puis finirent par divorcer. Ma mère sombra dans la dépression et vers l'âge de deux ans, je fus confiée à l'assistance publique. Je ne sus que beaucoup plus tard ce qu'il était advenu de mon père. Il était décédé d'un accident cardio-vasculaire et c'était la raison pour laquelle il ne m'avait pas accueillie dans sa maison alors que ma mère ne pouvait plus se charger de moi.

De cette naissance prématurée, aucune séquelle, mais une grande sensibilité et un énorme vide affectif que je finis par combler en entendant cette voix apparue comme par miracle. Elle était devenue un guide, un soutien. De cela, je n'en dis jamais mot. J'avais essayé de me renseigner sur le sujet et tout de suite une évidence apparaissait à mesure que j'avançais dans mes lectures. J'avais tous les symptômes de la schizophrénie. J'entendais des voix. Je chassai rapidement cette idée de mon esprit. Non. Il devait y avoir une autre explication. Une explication toute simple. Une explication que le commun des mortels ne pouvait comprendre. Cette voix n'était en aucun cas agressive, mais au contraire rassurante. Elle me protégeait et me guidait vers un ailleurs. Et ma quête d'en savoir plus grandit pour finalement aboutir à cette évidence. Cette voix venait d'un autre monde, d'une autre dimension. Ma vie avait enfin un sens. J'entrepris des études scientifiques et à vingt-six ans, j'obtenais mon doctorat en physique. Mon maître : le grand physicien Albert Einstein et ses découvertes qui allaient à jamais changer notre vision du monde avec la théorie de la relativité générale, le célèbre $E=MC2$, la cosmologie… Il était le père d'une grande avancée. Ma passion : la physique quantique ou ensemble des lois qui décrivent le monde à des échelles de temps et d'espace beaucoup plus petites que celles de notre quotidien. Allais-je enfin avoir des réponses à certaines questions que je me posais notamment l'existence d'autres dimensions. Je fus rapidement embauché dans un grand centre de recherche situé au nord de la Grande-Bretagne : le C. R. E. D. S. En clair, le centre de recherche et d'étude de dimensions supplémentaires. Et c'est en ce lieu prestigieux que je commençais une carrière qui semblait prometteuse jusqu'à l'arrivée d'un homme qui allait tout faire basculer. Il s'agissait d'Edward

Jack Vince. Mon supérieur, superviseur et chercheur, lui aussi, à ses heures. Dès que je le vis, ma petite voix intérieure me fit savoir que je devais me méfier de cet homme. Ma destinée ne se trouvait pas sur ce chemin.

Malheureusement, j'étais irrésistiblement attirée par cet homme dont la simple présence créait en moi un grand émoi. Moi qui avais été toute ma vie en quête d'affection, d'un peu d'amour, je les trouvais en cet homme. Travailler à ses côtés devint un bonheur tandis que mes recherches avançaient aussi. Je partageais tout avec lui, même ma vie. Nous finîmes par nous marier.

Et c'est lorsque tout bascula que je me rendis compte que le soutien, de toutes ces années passées, se taisait. Ma petite voix avait disparu et je me retrouvais seule de nouveau. Mes travaux avaient été publiés sous un autre nom que le mien. Moi, Alice Simons, je me retrouvais spoliée de mon travail. J'avais été trahie par l'homme que j'aimais plus que tout au monde. Il s'était servi de moi et il ne m'avait jamais aimée. Je tentais de faire connaitre la vérité, mais devant moi les portes se fermaient. Il était Edward Jack Vince et je n'étais qu'Alice Simons. Une jeune femme incrédule dont le nom ne serait jamais connu dans les hautes sphères de la recherche. Je le quittai quelques jours plus tard et notre divorce fut prononcé dans la même année. De plus, il s'arrangea à ce que je ne retrouve jamais de travail dans cette branche que j'affectionnais tant. Ma carrière de chercheuse en physique était terminée.

Il allait falloir réapprendre à vivre et à vivre autrement.

Et dans ce grand désespoir qu'était devenue ma vie, la voix réapparue plus forte et plus nette que jamais. « Ne t'inquiète pas ! Fais-moi confiance ! » Rassurée par ces mots qui m'avaient tant manqué, je décidai de rejoindre la capitale afin de me noyer dans cette masse. Je trouvais rapidement un travail et un appartement. Je voulais oublier la personne que j'avais été et ne fis jamais mention de mes diplômes. Les années passèrent et je n'entendis plus jamais parler d'Edward Jack Vince qu'au travers de certaines revues scientifiques vendues en kiosques. Il avançait toujours sur la vague de mon travail.

Et j'étais là maintenant dans ce lit à repenser à toute cette vie qu'avait été la mienne jusque-là. Une nouvelle chance s'offrait à moi et je ferai le maximum afin que le professeur Porter ne regrette jamais de m'avoir embauchée. Et sur cette dernière pensée, je me levai. Une longue journée m'attendait : redonner vie à cette maison avant le retour de son propriétaire. Cela ne me laissait que quelques jours, mais j'étais devenue une spécialiste du ménage et relever mes manches ne me faisait pas peur. Cette maison avait une âme et je sentais que j'avais un rôle à jouer ici. Je ne connaissais pas encore le professeur, mais je savais que cette place était le moyen de me rapprocher de Stonehenge. Et tant pis si je heurtais la sensibilité de madame Smith en dérogeant aux habitudes de vie du professeur et à la façon de faire de cette ex-gouvernante !

Chapitre 4

Quatre jours entiers. Quatre jours à travailler de l'aube jusque tard dans la nuit et cette maison enfin reprenait vie. Les meubles sentaient bon la cire et une douce chaleur régnait dans presque toutes les pièces de la maison. Et tant pis pour les recommandations de l'ancienne gouvernante. Une pièce pourtant n'avait pas subi les tourments de mon balai : le bureau du professeur Porter. Je ne savais pas grand-chose de mon employeur sauf ce que m'en avait dit, quelques jours auparavant madame Smith lorsque je l'avais contactée pour la place. Le professeur vivait seul et tenait une chaire à l'Université de Cambridge. C'était un homme qui n'aimait ni le bruit ni les commérages et qui travaillait, enfermé dans son bureau, de longues journées entières à ses recherches. Je devais me faire la plus discrète possible tout en vaquant aux tâches ménagères. La chose ne me semblait pas insurmontable sachant que le professeur ne recevait jamais de visites. Je n'espérais qu'une seule chose, que le moment venu, il apprécierait l'effort que j'avais dû effectuer pour redonner vie à cette grande maison. Sachant que cette demeure ne possédait pas le chauffage central, simplement quelques chauffages électriques d'appoint, il m'avait fallu appeler le ramoneur afin qu'il nettoie le conduit de quelques cheminées. J'avais dans la tête cette belle idée qui était de remettre en état de marche les vieux chauffages à bois. J'avais remarqué, en faisant le tour de la propriété et pour le plus grand bonheur de Bill, de vieux arbres, au fond du jardin, qui n'avaient pas été élagués depuis de nombreuses années. Des branches mortes jonchaient le sol et munie d'une scie, trouvée dans la remise, je coupai du petit bois. Assez pour faire tourner les fourneaux quelques jours afin de chasser l'humidité de la maison. Il est vrai que je n'avais consulté personne pour prendre de telles initiatives, mais tout cela s'était imposé à moi naturellement. Je sentais la maison revivre. De plus, pendant le nettoyage des pièces, je découvris de nombreux objets semblant avoir appartenu à une femme lesquels étaient restés dans l'état où ils avaient été posés. Il y a longtemps, une Dame avait vécu là. Une question s'était alors posée à moi. Qui donc était-elle ? Et pourquoi donc cette maison était-elle tombée dans une telle désuétude ? Et malheureusement, je ne pouvais trop m'attarder sur ces questions. Dans quelques heures, le professeur serait là. Je me devais de faire bonne impression à mon nouvel employeur. Qu'allais-je préparer pour le dîner ? Je ne connaissais rien de ses goûts et madame Smith n'avait pas cru bon de me renseigner à ce sujet ni de m'indiquer avec quel argent je devrais faire les courses. Tant pis, je m'inquiéterai de tout cela plus tard. J'avais vécu les jours derniers avec la nourriture que j'avais ramenée de mon ancien chez moi. De plus, j'avais remarqué que les placards de la cuisine étaient tous pratiquement vides. Madame Smith devait préparer les repas chez elle et les amener ensuite chez le professeur. Il fallait que je fasse des courses. J'avais noté la présence d'une petite épicerie. J'attrapai mon sac et commandai à Bill de garder la maison durant mon absence.

À mon arrivée, je me dépêchai d'attraper un panier et commençai mes emplettes. J'avais dans l'idée de préparer un poulet rôti avec quelques petites pommes de terre et une petite salade de fruits au sirop en dessert. Je trouvai rapidement ce dont j'avais besoin, n'oubliant pas au passage de prendre du thé, du lait et quelques biscuits. Les soirées promettaient d'être longues dans cette grande maison où il n'existait ni radio et ni télévision. Quelques douceurs s'imposaient donc. La caissière, qui devait être aussi la propriétaire du magasin, ne me quittait pas des yeux et surveillait mes allers-retours dans les rayons. Je souris intérieurement. Les questions, de cette dame entre deux âges, n'allaient pas tarder à fuser. J'étais l'attraction du moment. La nouvelle venue dans le quartier et dont on ne savait rien. À peine eussé-je posé mon panier près de la caisse que les questions plurent.

— Bonsoir. Vous n'êtes pas d'ici ! J'ai remarqué cela tout de suite en vous voyant entrer ! commença-t-elle avec son plus aimable sourire.

— Oui, c'est vrai. Je viens d'arriver, répondis-je simplement. Je ne me sentis pas d'humeur tout d'un coup à répondre à toutes ces questions.

— Alors vous êtes en vacances ? continua-t-elle en prenant tout son temps pour enregistrer les achats que je venais de faire.

— Pas vraiment.

— C'est pour le travail alors ?

— Oui. C'est ça ! C'est pour le travail !

Le silence se fit quelques secondes. Je ne désirai qu'une chose. En finir au plus vite et rentrer. Afin de la détourner de toute envie de me poser d'autres questions, je fis semblant de chercher quelque chose dans mon sac. La dame ne semblait pas vouloir en rester là. Elle me questionna de nouveau.

— Vous avez perdu quelque chose ?

À cet instant, je ne sus si cela était de la simple courtoisie de sa part ou une grande curiosité face à la personne que j'étais. Je m'entendis répondre avec le plus grand naturel possible ce mensonge.

— Je cherche un papier et je ne le trouve pas.

Et voilà, j'avais franchi un autre cap. J'étais une menteuse. Un pieux mensonge, mais un mensonge tout de même. Je n'espérai qu'une chose, c'était que cette déclaration n'avait fait mon visage devenir cramoisi. À mon plus grand désarroi et dès l'annonce de cette perte, le cliquetis de la caisse enregistreuse cessa. Je relevai aussitôt la tête et rencontrai un visage navré.

— Peut-être l'avez-vous perdu dans les rayons ? Voulez-vous que nous allions voir ensemble ?

— Non. Non. Ce n'est qu'un simple bout de papier avec un numéro de téléphone. J'ai dû l'oublier à la maison ou dans ma voiture.

Le cliquetis de la caisse enregistreuse reprit aussitôt. Je poussai un ouf de soulagement. Cela m'apprendrait à mentir aussi honteusement. Lorsque les derniers achats furent encaissés, je demandai poliment une facture.

— À quel nom cette facture ? me demanda-t-elle avec son plus beau sourire.

— He….

J'étais bel et bien prise au piège. Et moi qui voulais être discrète sur mon emploi et mon employeur. Ce n'était pas gagné !

— Porter.

— Vous voulez dire que cette facture est au nom du professeur Porter de la villa « Les pierres suspendues » ?

— Je travaille pour le professeur Porter, mais je ne savais pas que sa maison avait un nom !

— Oh, cela ne date pas d'aujourd'hui ! Ce nom, c'est à cause de Stonehenge ! C'est la traduction en français !

— Oui. J'avais compris, répondis-je simplement.

— Madame Smith a dû vous en parler ! On dit que cette maison a un terrible secret ! Certains habitants de cette demeure ont eu des destins funestes !

Je la regardai simplement en levant un sourcil. Elle s'arrêta net dans ses confidences.

— En tout cas, c'est ce qui se dit !

— Combien est-ce que je vous dois ?

— Oh, rien. Le professeur a un compte ici ! Il règle tous ses achats en fin de mois ! Donnez-moi juste votre nom et j'indiquerai qu'à la date d'aujourd'hui, vous êtes passée faire des courses !

— Alice Simons !

— Voilà qui est noté. Votre justificatif !

— Ah merci, fis-je en prenant le ticket qu'elle me tendait.

J'emballai dans un sac papier mes courses et me dépêchai de regagner ma voiture. Je pestai intérieurement contre ma stupidité. Comment moi, Alice Simons, m'étais-je laissée berner par une simple caissière. Elle m'avait vue venir avec mes grandes bottes et à cet instant je ne pariai pas que, la plus maline des deux, c'était moi ! Il me fallait arrêter d'être méfiante et je devais dès à présent réapprendre à faire confiance sinon cela allait rapidement me jouer des tours. Amesbury n'était pas Londres et tous les gens d'ici ne s'appelaient pas Edward Jack Vince. Je m'aperçus à cet instant que je n'étais pas guérie de cet homme ! Et tandis que je regagnais la propriété du professeur Porter, je repensai à ce que l'épicière m'avait appris. Je remémorai aussitôt mes rêves quant à Stonehenge puis le nom de cette villa « Les pierres suspendues ». Tout cela était-il lié. Et ce professeur que je ne connaissais pas encore, avait-il un rôle à jouer lui aussi ? Je frissonnai et mes peurs d'antan rejaillirent. Il me fallait chasser au plus loin ces pensées et reprendre mes esprits. J'avais un repas à cuisiner. Une fois, les courses rangées, le poulet préparé et mis au four, je fis une dernière inspection des lieux. Et tandis que je remettais en place certains ustensiles de cuisine dont j'avais eu l'utilité quelques instants plus tôt, j'entendis une voiture se garer derrière la maison. Le professeur Porter était arrivé et j'allais enfin faire sa connaissance.

Chapitre 5

Je ne savais quelle attitude adopter. D'une minute à l'autre, il allait franchir cette porte. La peur me nouait l'estomac et je regrettai soudainement tout le changement effectué dans cette maison qui n'était pas la mienne. En avais-je le droit ? Il était trop tard pour me poser toutes ces questions, mais ces choix s'étaient imposés à moi comme une nécessité et même comme une demande émanant de la maison elle-même. Je cherchai rapidement des yeux mon chat. Il semblait avoir déserté la cuisine pour se réfugier dans un autre coin de la maison. Je n'espérais qu'une seule chose, c'est qu'il ne se fasse pas remarquer lorsque le propriétaire des lieux entrerait. Des pas crissèrent sur le gravillon, la porte de la cuisine s'ouvrit et il entra.

Je m'attendais à un homme âgé et quel ne fut pas ma surprise de constater qu'il n'en était rien.

J'avais devant moi un homme grand qui se tenait bien droit. Un homme dans la force de l'âge et je ne retins que le regard d'un bleu électrique qui me transperça jusqu'à l'âme. Ce regard ne m'était pas inconnu et mon cœur s'emballa soudainement. À cet instant, je sus que nous étions connectés par quelque chose de très fort. Quelque chose que je ne pouvais expliquer. Une fraction de seconde, j'eus le temps de voir que lui aussi avait été marqué par cette même impression. Pourtant nous ne nous étions jamais rencontrés auparavant. Pour échapper à cette force invisible qui me poussait vers lui, je laissai rapidement mon regard errer sur sa tenue vestimentaire. Il était vêtu d'un costume gris et son pardessus beige était posé sur son bras. Dans l'autre main, il tenait son attaché-case. Notre première rencontre ne dura en tout et pour tout qu'une poignée de secondes, le temps de la surprise qui semblait avoir été réciproque. Les seuls mots qui sortirent de sa bouche furent pour me dire :

— Vous devez être, Alice Simons, la nouvelle gouvernante ! Apportez-moi mon dîner dans une demi-heure !

Il ne me laissa pas le temps de lui répondre. Il disparut de mon champ de vision pour gagner son bureau. Je restai là inerte quelques secondes, le temps de me faire à l'idée de ce que je venais de découvrir. Il est vrai que la surprise était de taille. Je m'attendais à un homme âgé et il n'en était rien. Il était un étranger et tout ce que je pouvais ressentir à cet instant me disait le contraire. Et ma petite voix intérieure qui se taisait comme pour me laisser le temps de me faire à cette nouvelle pièce d'un immense puzzle. J'allais devoir composer avec un homme qui était loin de l'image que je m'en étais faite. Je respirai profondément et me décidai à terminer de préparer le dîner.

Et tandis que j'arrangeais le plateau du repas, je laissai mon esprit s'arrêter à sa tenue vestimentaire, trop vieux jeu à mon goût et ses cheveux qui descendaient trop bas sur sa nuque. Mon avis était tout simplement que le professeur Porter passait plus de temps dans son bureau que dans les salons puisqu'il n'avait même pas remarqué le changement qui s'était opéré dans la maison. Et ma petite voix intérieure rejaillit pour me faire comprendre à cet instant que je ne me trompais pas. Une chose importante pourtant, le pourquoi de ma venue ici, je devrai le découvrir seule. Cette quête ne s'arrêtait pas à cette maison, à cet homme, il y avait quelque chose de plus important derrière tout cela. Et il ne m'appartenait pas de le savoir maintenant.

Lorsque tout fut prêt, je me dirigeai vers la porte du bureau et frappai à la porte.

— Entrez !

L'invitation me sembla sèche et impatiente. Je n'eus plus le choix. J'entrai dans cette salle dont l'accès m'avait jusqu'alors été interdit. Ce qui m'interpella aussitôt fut le peu de lumière et surtout la grandeur de la pièce avec ces innombrables piles de livres et de dossiers posés un peu partout sur des tables. Il me fallut quelques secondes pour m'habituer à ce manque de luminosité. Une lampe pourtant était allumée dans un coin. Je devinai qu'il se trouvait là, caché par une pile de dossiers. J'hésitai un court instant puis devant son silence, je me dirigeai vers l'immense cheminée ou un feu crépitait déjà dans l'âtre. Il n'avait pas perdu son temps puisque les flammes éclairaient dès lors une table basse libre de tout objet, ce qui me permit d'y déposer le plateau du dîner. J'attendis quelques secondes et devant le silence de l'intéressé plongé dans son travail, je toussotai.

— Oui, me dit-il aussitôt d'un ton impatient.

— J'ai posé votre dîner sur la table basse. Je voudrais savoir si vous désiriez autre chose.

Pas de réponse. Cette façon de faire m'agaçait quelque peu. Je me sentais tellement stupide de rester plantée là à attendre une réponse qui ne viendrait pas. Je reformulai ma question d'une voix un peu plus forte.

— Professeur Porter ?

— Oui ! Vous ne voyez pas que je suis occupé ! me répondit-il soudain d'une voix quelque peu agacée.

— Je voulais simplement vous dire que j'avais apporté votre plateau. Faites-moi savoir lorsque vous voudrez que je vienne le rechercher ?

— Oui. Oui, s'emporta-t-il. Vous ne voyez donc pas que je travaille ! La qualité, que je requiers chez mes employés, c'est le silence ! Madame Smith ne vous a donc pas mis au courant !

— Euh ! Je suis désolée. Je…

— Sortez de cette pièce immédiatement ! Je m'occuperai moi-même de rapporter mon plateau à la cuisine et ne venez plus me déranger !

— Oui professeur. Je vous laisse. Je m'excuse…

— Foutez-moi le camp et fermez cette porte bon sang !

Je ne demandai pas mon reste et quittai la pièce précipitamment. Cet homme avait vraiment un sale caractère. J'allais devoir apprendre à me faire très petite si je voulais garder mon emploi. Mon cœur battait très fort dans ma poitrine et je ne sus par quel exploit, j'avais réussi à ne pas lui dire ce que je pensais de sa façon de m'adresser la parole. Je n'étais pas un chien que je sache. Ce qui me fit, soudain, penser à mon chat Bill. Cela faisait un moment que je ne l'avais vu. Où s'était donc caché ce chenapan. Il n'était pas dehors, cela j'en étais certaine puisqu'il était non loin de moi lorsque le professeur était arrivé. Il ne me restait plus qu'à le trouver.

Je commençai donc ma quête par la cuisine, la salle à manger et terminai par l'étage. Bill était introuvable. J'avais beau l'appeler en évitant de faire trop de bruit. Bill ne se montrait pas. Il ne restait qu'une seule pièce que je n'avais pas visitée : le bureau. Il était devenu évident que mon chat ne pouvait se trouver qu'à cet endroit. Une pièce de prédilection pour un chat qui aimait les feux de cheminée et les tonnes de dossiers pour pouvoir s'y prélasser. Ce chenapan avait dû se faufiler tandis que j'apportais le plateau du dîner. Et pas moyen d'y retourner pour le moment. Je n'espérai qu'une chose, c'est que Bill sorte de ce bureau comme il en était entré. Et pour que ce satané chat sorte, il fallait que cette porte soit de nouveau ouverte. Je ne pouvais me résoudre d'aller frapper à cette satanée porte et demander « Pardon, vous n'auriez pas vu mon chat ? » Faire cette démarche était au-dessus de mes forces. J'allais donc devoir être patiente et pour occuper tout ce temps, j'entrepris de nettoyer et ranger tous les placards de la cuisine. Une tâche bien peu gratifiante, mais qui me permettait de faire le vide dans ma tête. J'avais trop besoin d'entendre cette voix qui m'avait conduite jusqu'ici. Et bizarrement, elle s'était tue comme si, pour elle, il n'y avait plus rien à dire. Comme si, cela voulait dire : maintenant, tu dois te débrouiller seule. Mais lorsqu'on a vécu une grande partie de sa vie avec, c'est une partie de soi qui s'en va. Je n'étais pas prête à cela. Pourtant….

Oui pourtant lorsque la première fois, je l'entendis très nettement bien que je l'avais ressentie faire partie de moi depuis toujours. Je pris peur. J'étais en plein désarroi. J'avais le cœur déchiré alors que je ne voyais plus d'avenir pour moi en ce monde. Et c'est là qu'elle me donna raison, lorsque je quittai Edward Jack Vince, en prononçant ces mots que moi seule pouvais entendre : « Tu as bien fait ! » Devenais-je folle ? Mon esprit était-il à ce point torturé ? Étais-je devenue par la force des choses une schizophrène ! Et le son de cette voix était, bien malgré moi, arrivé à point nommé. Elle s'était mise entre moi et cette idée de vouloir en finir avec cette vie. Elle avait réussi à me détourner de mon idée suicidaire. Et lorsque j'y pense aujourd'hui, je souris. Oui, je souris, car sans elle, je ne serais pas dans cette cuisine à attendre le retour de mon chat Bill. Ma vie, la vie, avait pris un tout autre sens. Le brillant docteur en recherche quantique avait posé sa blouse blanche pour écouter le monde respirer, vivre et vibrer. Tout cela bien sûr ne s'était pas fait en un jour. Ma quête de savoir, de comprendre ce qui m'arrivait m'avait conduite à approcher des sciences considérées comme faisant partie du charlatanisme puisqu'aucune preuve mathématique ne pouvait y être apportée. Et c'est ainsi que je découvris qu'il existait en ce monde un nombre incalculable de gens qui souffraient du même mal que moi. Et ce mal se nommait la médiumnité. J'étais médium. Je pouvais ressentir des choses que le commun des mortels ne pouvait même pas entrevoir. Je ne me sentais pas un être à part, mais je savais que je devais faire quelque chose de ma vie et prendre un tout autre chemin. Ce n'était pas un hasard si je possédais ce don. Et toujours dans ma quête d'en savoir plus, un élément revenait sans cesse : Stonehenge. Je ressentais cela comme un appel auquel je ne pouvais me soustraire. C'était un signe et je ne devais pas l'ignorer. C'est ainsi que ma décision fut prise de quitter Londres et de prendre ce poste de Gouvernante. Je n'étais qu'à quelques kilomètres du site, mais je pouvais d'où je me trouvais sentir des vibrations qui me donnaient le tournis. Je ne savais ce que cela pouvait vouloir dire, mais les signes se présenteraient un à un comme ils l'avaient toujours fait jusque-là. Ma voix intérieure s'était-elle tue à cause de ces vibrations ? Je n'avais aucune certitude. Je devais être patiente.

Des cris soudain provinrent du bureau du Professeur Porter et la porte s'ouvrit tout de go. Ce brusque retour dans la réalité me fit sursauter. Je compris tout de suite que Bill avait fait des siennes. Je me précipitai vers cette pièce.

— Que se passe-t-il professeur ? demandai-je de mon ton le plus naïf.

— Il y a un animal dans mon bureau et il vient de faire tomber la pile de dossiers qui était sur mon bureau ! hurla-t-il.

— Eh, je pense plutôt qu'il doit s'agir de mon chat Bill. Je le cherchais justement et…

— Et quoi ? s'écria-t-il. Des heures et des heures de travail fichues à cause de votre chat !

— Je vais réparer les bêtises de Bill en vous aidant à remettre de l'ordre, répliquai-je piquée au vif.

— Enlevez-moi ce chat de mon bureau et que je ne l'y revois plus ! Ouste ! Dehors ! hurla-t-il.

Nos regards se croisèrent et ce simple contact visuel, je le ressentis comme un électrochoc. Lui aussi sembla ressentir la même chose. Le temps sembla s'arrêter l'espace d'une dixième de seconde comme si quelque chose semblait vouloir nous être révélée. Le temps sembla s'être mis en mode pause. Assez pour me dire que tout cela n'était pas un hasard, mais un signe du destin. Le professeur Porter sembla lui aussi intrigué. Il ne rétorqua rien de plus et regagna son fauteuil derrière son bureau.

Je me mis aussitôt en quête de mon chat. Je me mis à genoux et inspectai à quatre pattes tous les endroits où mon cher Bill pouvait se cacher. Je le découvris bientôt caché derrière une pile de revues scientifiques concernant la physique quantique. Je ne pus m'empêcher d'en saisir une et de la feuilleter rapidement.

— Qu'est-ce que vous faites, s'exclama aussitôt le professeur.

— Oh rien, rien. Je regarde juste vos revues scientifiques sur la relativité, répondis-je le plus naturellement du monde.

— Qu'est-ce qu'une gouvernante pourrait connaitre à la loi de la relativité ?

Et rien que par cette question que je sentis moqueuse, je sortis de mes gonds. Je relevai un peu brusquement la tête et cette dernière vint heurter le dessous d'une table.

— Aie ! Ne pus-je m'empêcher de m'écrier tant la douleur était violente.

Le professeur Porter s'approcha aussitôt de l'endroit où je me trouvais.

— Oui ! Ça va ! Ce n'est rien ! C'est votre idée préconçue sur l'inculture des gouvernantes qui m'a énervée !

— Loin de moi cette idée, madame…

mademoiselle, peut-être ? J'ai déjà oublié votre nom. J'ai l'esprit un peu ailleurs en ce moment et je ne l'ai malheureusement pas retenu. Je parle de votre nom bien sûr et pas de mon esprit, tenta-t-il d'ironiser afin de détendre l'atmosphère.

— Mon nom c'est Simons ! Madame Simons !

Mon chat, soudain, sortit de sa cache et passa tranquillement entre nous deux de sa démarche la plus fière. Devant l'ironie de la situation, je ne pus m'empêcher de sourire. Le professeur ne dit rien et suivit du regard lui aussi le félin qui quittait la pièce.

Je me dépêchai de sortir à la suite de mon chat sans un regard en arrière. Le professeur n'avait pas bougé et je sentis son regard posé sur mon dos lorsque je refermai la porte du bureau. Et ce fut à cet instant que je m'aperçus que mon cœur battait très fort dans ma poitrine. Quelque chose s'était passé lorsque nos regards s'étaient croisés. Je chassai vite cette idée de ma tête et me dépêchai de terminer de ranger la cuisine. Je ne me sentais pas en état de croiser à nouveau le professeur ce soir. Dès que tout fût en ordre, je me hâtai de gagner ma chambre en compagnie de mon cher Bill. Je mis un temps avant de trouver le repos, mais juste avant de m'endormir j'entendis ma petite voix dire : « Enfin » puis je fus happée par le sommeil.

Chapitre 6

Les images arrivaient les unes après les autres tels des flashs qui tournoyaient à une vitesse qui me donnait le vertige. J'aurais pu qualifier cela de caléidoscope géant qui m'entrainait dans une spirale sans fin. Et toujours la même image au final : le site de Stonehenge. Qu'est-ce que tout cela pouvait-il bien vouloir dire ? Ce don de médiumnité semblait grandir et prendre une force depuis que j'avais pris pied dans cette maison. Cela m'intriguait et m'inquiétait à la fois. Quelque chose de fort se passait ici, en ces lieux et je devais trouver quoi. Et comme à chaque fois, je me réveillais en sueur et impossible dans ces conditions d'essayer de me rendormir. Je jetai un œil rapide sur mon réveil. Trois heures du matin. Peut-être qu'une tasse de lait chaud avec un peu de chocolat m'aiderait à retrouver le sommeil. Je me levai sans faire de bruit et aussitôt je fus saisie par un vertige. J'attendis quelques secondes que le malaise passe et enfilai ma robe de chambre par-dessus mon pyjama. Je me dirigeai ensuite vers la cuisine. Bill releva juste la tête lorsque je quittai la chambre. Je passai devant le bureau du professeur et remarquai qu'un rai de lumière passait du dessous de la porte. Le professeur était encore dans son bureau. Je n'allumai donc pas le plafonnier de la cuisine, mais actionnai juste le néon au-dessus de l'évier. Je me sentais si fatiguée, si lasse et soudainement si mal que je m'agrippai rapidement à l'évier. Mes jambes ne semblaient ne plus vouloir me porter. La nausée me monta à la gorge et je me retins de vomir. Je me sentis mal comme je m'aspergeai le visage. Mes oreilles bourdonnaient. Je pressentis que je n'étais pas loin de m'évanouir lorsque je me sentis soulevée par deux bras puissants. Et ce fut le néant.

Lorsque j'ouvris les yeux, j'étais allongée sur un canapé et un feu brûlait dans la cheminée. Je reconnus aussitôt le bureau du professeur Porter. Je tentai aussitôt de me lever, mais une main m'en empêcha.

— Restez allongée encore un peu ! m'ordonna-t-il plus qu'il ne me le pria.

Je ne répondis rien. Je ne me sentais pas prête à une confrontation. La tête me tournait encore. Je m'installai confortablement sur le canapé et laissai mon regard errer sur le plafond où l'ombre des flammes, qui crépitaient dans la cheminée, dansait. Je ne comprenais rien à ce qui m'arrivait. Je n'avais jamais fait de malaise de cette sorte jusqu'à ce jour, mais depuis que j'étais arrivée dans cette maison, je ne me sentais plus la même. Mon corps semblait tiraillé en tous sens et mon don s'était accru en intensité. Je devais trouver rapidement la réponse à ce qui m'arrivait si je voulais conserver ma place.

Dans la pièce peu ou pas de bruit, le professeur Porter devait consulter quelques documents. J'hésitai quelques secondes avant de bouger, mais je ne pouvais rester là indéfiniment. Doucement je m'assis et attendis quelques secondes afin de prévenir un second malaise. Pas de vertiges, pas de nausées, mon corps semblait avoir récupéré. Je me levai de ma place et doucement me dirigeai vers le bureau. Le professeur caché derrière sa lampe semblait relire des notes. Des dizaines de papiers chiffonnées trainaient sur le sol et la poubelle débordait de ces mêmes documents. Comment pouvait-on travailler dans de telles conditions ? maugréai-je intérieurement. Et comment pouvait-il s'y retrouver avec ces tonnes de notes et pas d'ordinateur pour tout ordonner, sauvegarder et mettre en page. Je m'aperçus à cet instant que la façon de travailler du professeur Porter appartenait à une autre époque. Je l'observai à la dérobée. Quel âge pouvait-il donc avoir ? Soixante ans ? Soixante-cinq ans ? Je ne devais pas me tromper de beaucoup. Soudain son regard rencontra le mien et j'éprouvai de nouveau la même sensation. Celle d'avoir déjà connu cet homme dans un ailleurs qui n'était pas celui de notre époque. Ce regard m'attirait comme un aimant et semblait lire en moi jusqu'aux tréfonds de mon âme. Je finis par baisser les yeux, gênée par cette intimité qui semblait vouloir s'installer entre nous. Afin de couper court à ce malaise, je me mis en devoir de ramasser les documents chiffonnés et de les mettre dans la corbeille à papiers. Le professeur n'avait toujours pas dit mot et je me devais de meubler une conversation inexistante avant qu'il ne me dise de quitter la pièce. Tous ces documents m'attiraient comme un aimant et ma passion d'antan, la recherche, refaisait surface à vitesse grand V.

— Je ne comprends pas que vous n'ayez pas d'ordinateur ? commençai-je simplement.

— Un ordinateur ? Pourquoi faire ? me répondit-il surpris.

Je relevai la tête et le regardai droit dans les yeux.

— Et bien pour mettre toutes vos notes ou documents en ordre et ainsi pouvoir garder une copie de tout votre travail !

— Une copie de mon travail, dites-vous ?

— Oui et vous n'auriez pas toutes ces tonnes de documents autour de vous ! Une chienne n'y retrouverait pas ses petits !

Je m'arrêtai soudain de parler en comprenant que je venais d'énoncer ce qu'il ne fallait surtout pas dire. Pour faire simple, je venais de le traiter d'incompétent. Je relevai doucement les yeux attendant de me faire jeter dehors, mais à la place le professeur se mit à rire, d'un rire qui me montra ô combien il avait trouvé ma remarque amusante. J'osai un demi-sourire.

— Et vous que connaissez-vous aux ordinateurs ?

— Assez pour vous dire que vous iriez beaucoup plus vite et que vous n'auriez pas besoin de perdre un temps fou à rechercher dans vos piles de dossiers un document qui serait archivé sur le disque dur de cet ordinateur !

— Et qui mettrait ces informations sur l'ordinateur ? me demanda-t-il d'un sourire devenu soudain méfiant.

— Moi !

— Et qu'est-ce qui vous fait penser que je vous laisserai faire cela, Madame Simons ? Avez-vous les qualités requises ? Mon travail ne consiste pas à élaborer de nouvelles recettes de cuisine ? Ce travail est le labeur de toute une vie. Ce travail est ultra confidentiel.

— Être gouvernante ne veut pas dire être stupide Professeur Porter ! Vous ne connaissez rien de moi ni de ma vie d'avant et surtout pas ce qui m'a poussée à devenir gouvernante ! exultai-je de colère.

— Loin de moi de vouloir me sentir supérieur à votre profession ma chère, mais pour pouvoir mettre en ordre ces notes, il faudrait néanmoins avoir quelques connaissances en mathématiques et en physiques ! Et comme vous me l'avez si bien dit ! Je ne connais rien de vous ni de votre vie d'avant ! Dois-je à nouveau prendre le risque que l'on me vole mon travail ? Non, je ne le pense pas.

— Voler votre travail ! On vous a volé votre

travail ?

Je me sentis soudain si mal que je devais à tout prix m'asseoir. Oh comme je connaissais que trop ce que l'on pouvait ressentir, ayant moi-même subi la même chose des années plus tôt.

Surpris, le professeur s'était levé de son fauteuil.

— Vous n'allez pas faire un autre malaise au moins ?

— Non. Je trouve cela tellement injuste : voler le travail des autres !

— Oui, je suis tout à fait de cet avis, mais nous vivons dans un monde où celui qui détient le savoir détient le pouvoir. C'est pourquoi je travaille seul maintenant.

— Je comprends votre ressenti et votre méfiance à mon égard, mais alors pourquoi avoir embauché une gouvernante ? m'étonnai-je.

— Parce qu'à la longue de vivre seul et reclus, cette maison est devenue un tombeau ! Vous avez dû remarquer le degré de délabrement de la maison ! J'avais investi toutes mes économies dans mes travaux de recherche et qui, ces derniers, de plus m'ont été volés ! J'ai dû accepter un emploi de professeur de mathématiques à l'université de Cambridge afin de pouvoir manger à ma faim et continuer l'œuvre de toute ma vie.

— Mais vous n'avez pas porté plainte ?

— Si, mais nous étions plusieurs à travailler sur le même sujet et je n'ai rien pu prouver du tout.

Votre employeur est un chercheur qui a été mis au ban de la société du monde de la recherche en physique !

Le dernier mot du professeur Porter raisonna en moi comme la réponse que j'avais cherchée toutes ces années passées. Un élément du puzzle semblait m'être donné quant à ma présence dans cette maison. Cet homme était physicien comme j'avais été physicienne. Nous parlions le même langage. À supposer qu'il s'agissait de la physique quantique. Je me devais de lui poser la question.

— Et de quelle physique s'agit-il ?

— Quelle importance ? me répondit-il simplement.

— Cela a toute son importance !

Il me regarda surpris par ma remarque.

— Comment cela ?

— Parce que s'il s'agit de la physique quantique, je peux vous aider. Il y a longtemps, j'ai fait des études à ce sujet lorsque je croyais encore que nous étions tous soudés par une même volonté, celle de trouver des réponses quant au fonctionnement de l'univers. Et puis la vie et l'amour s'en sont mêlés et je n'ai jamais trouvé les réponses à ces questions !

Le professeur me regarda un long moment. Ma passion de toujours avait repris le dessus. Étais-je allée trop loin ? Avais-je trop parlé ? Ma venue dans cette maison n'était certainement pas un hasard. Mon don m'avait conduit jusqu'ici pour une seule et bonne raison : trouver la réponse à une question : le temps. Passé, présent et futur ne formaient qu'un seul moment : l'instant présent. Et cela, je me devais de le découvrir avec le professeur Porter.

— Qui êtes-vous réellement ? me demanda-t-il de son air le plus étonné.

— Alice Simons, femme de ménage, gouvernante et anciennement chercheuse au C.R.E.D.S de Londres.

— Je devrais vous jeter dehors sur le champ ! Comment avez-vous pu abuser de ma confiance ? Comment avez-vous eu vent de mes travaux ? Répondez-moi ! hurla-t-il tout en se levant de son fauteuil.

— Professeur, je vous assure que je n'ai jamais eu vent de vos recherches ni de quoi que ce soit d'autre. Il y a quelques années, moi aussi j'ai été spoliée d'une découverte importante et de plus il s'agissait de mon époux qui n'a pas un seul instant hésité à me ridiculiser et à me détruire. J'ai repris mon nom de jeune fille Simons afin qu'il me laisse en paix. Si je dois vous aider, toutes les découvertes seront à votre seul et unique nom « Porter » et aucun de vos travaux ne mentionnera le mien. J'ai une revanche à prendre et si mes pas m'ont conduite ici, c'est pour une seule et bonne raison, battre mon ex-époux sur son propre terrain ! J'étais Alice Vince autrefois. Et si vous acceptez mon aide, c'est-à-dire de me faire confiance, je ferai tout pour vous aider à avancer dans votre travail.

J'étais épuisée. Mon avenir dépendait maintenant de ce que le professeur allait décider.

— Vous comprenez que je ne peux pas prendre une décision comme cela. Il me faut réfléchir à tout ce que cela va entrainer, répondit-il enfin d'une voix un peu plus douce.

— Je comprends très bien que vous ne soyez pas prêt à me faire confiance. La confiance se mérite et je n'ai rien fait pour l'instant qui puisse vous amener à prendre la bonne décision. Je vais faire mon sac. Demain matin, je partirai de votre maison.

Alors que j'allais quitter son bureau, il me rattrapa par le bras.

— Vous n'allez pas partir comme cela Alice ?

Et il venait de m'appeler par mon prénom sans même s'en rendre compte.

— Professeur ? Avons-nous le choix ? lui demandai-je en le regardant droit dans les yeux.

Ce regard d'un bleu gris qui me transperçait le cœur. J'avais tellement envie qu'il me croit et qu'il accepte ma proposition. Il est vrai que dans ce monde en folie, très peu de gens sont restés vrais, sincères alors pourquoi me donnerait-il sa confiance, moi Alice Simons, parfaite étrangère à sa maison, à sa vie, quelques jours plus tôt.

— Je ne veux pas que vous partiez comme cela. Réfléchissez. Vous avez redonné de la vie à cette maison et je l'ai remarqué même si je ne vous en ai rien dit. Demain, je vous donnerai ma réponse.

J'ai toute la nuit devant moi pour y réfléchir.

— Alors j'attendrai votre réponse Professeur Porter. Je vous souhaite une bonne nuit.

— Bonne nuit Alice.

Et il referma la porte de son bureau. Je restai quelques instants derrière cette porte puis d'un pas décidé je gagnai ma chambre. Mon Bill m'attendait, ronronnant comme un bien heureux. La nuit risquait d'être longue, mais dès que je posai ma tête sur l'oreiller, ma petite voix me dit : « Ne t'inquiète pas » et je m'endormis dans un sommeil sans rêves.

Chapitre 7

De bonne heure le lendemain matin, je quittai la maison sans bruit. Un besoin de me retrouver avec moi-même et surtout d'y voir plus clair dans mes idées. Sans hésitation, ma destination fut le site de Stonehenge. Je ne comprenais pas pourquoi ces pierres m'attiraient tel un aimant, mais à chaque fois que je m'y recueillais, je sentais une grande paix m'envahir.

À cette heure matinale, il n'y avait personne et je pus donc tranquillement me promener entre ces blocs de pierre millénaires. Une pluie fine se déposait sur mon visage et à cet instant, je n'aspirai qu'à une chose, trouver le pourquoi de ma présence en ses lieux. Cette voix qui m'avait guidée jusqu'ici devait avoir ses raisons et il me tardait de les connaitre.

La Villa des pierres suspendues semblait

m'avoir attendue depuis si longtemps que je ne pouvais me résoudre à la quitter si vite. Et cet homme, qui y vivait tel un reclus, ne pouvait me demander de partir. Nous étions liés par un lien invisible qu'il me fallait découvrir au plus vite. Les instants étaient maintenant comptés. Une chose était certaine. Ce regard, son regard, m'attirait et tandis que je me noyais dans le bleu gris de ses magnifiques yeux, un écho lointain frôlait mon cœur d'une tendre mélodie. Ce regard qui semblait me dire qu'un jour, dans une autre vie, nous nous étions connus.

Pourtant sa décision serait la mienne. À cet instant, je ne retins que les mots de la voix « Ne t'inquiète pas ». C'était pour moi la certitude que notre destinée était déjà écrite au moment de notre naissance. Nous étions simplement là pour faire l'expérience de la vie, de notre vie. J'allais donc connaitre dans les heures qui allaient suivre, quel chemin ma destinée avait choisi pour moi.

Je regagnai rapidement mon véhicule. La peur du lendemain s'était effacée. Soudain tout fut une évidence : les pierres et moi étions liées par un secret que je me devais de découvrir. Le professeur ne pouvait me demander de partir. J'étais entrée dans sa vie et je me devais d'y rester.

De retour à la villa, je pris le temps d'inspirer et d'expirer profondément afin de chasser le stress qui commençait à me gagner et poussai la porte de la cuisine en espérant de tout cœur ne pas rencontrer tout de suite le professeur. Je n'étais pas prête à partir et je devais sans cesse préparer les réponses aux questions qu'il ne manquerait pas de me poser. Je me devais d'avoir une parade infaillible si par malheur il était décidé que je devais partir. Et de cela, il n'en était nullement question. Il me fallait à tout prix gagner la confiance de cet homme. La trahison, je la connaissais, pour l'avoir subie de la part de mon époux et donc le professeur n'avait nullement besoin de s'inquiéter. Je serai muette comme une tombe. Je ne mangeais pas de ce pain-là. Mais qu'en était-il du professeur Porter ? Était-il prêt à faire confiance de nouveau et surtout, le plus important, à me faire confiance, à moi, Alice Simons !

La porte du bureau était ouverte. Je m'approchai doucement. Les rideaux avaient été tirés et la lumière inondait la pièce. C'est ainsi que je le vis, pour la première fois, en plein jour. Du rangement avait été fait et des caisses en cartons étaient entreposées le long du mur, derrière le bureau du professeur Porter. Plus aucun dossier ou document ne trainait sur le sol. L'inquiétude commença à me gagner. Le professeur, avait-il pris la décision de déménager ? Avait-il si peu confiance en moi qu'il en était arrivé à cette extrémité ?

Des bruits en provenance du sous-sol se firent entendre. C'était un endroit où je n'avais jamais mis les pieds. De toute façon, je n'aurai pas pu y descendre même si je l'avais voulu, la porte, qui y conduisait, étant fermée à clé. À cet instant, cette dernière était grande ouverte et le grand escalier qui menait à ce sous-sol était éclairé. Je fus tentée un instant d'y descendre et de découvrir enfin ce qui s'y cachait, mais décidai de renoncer à cette idée. Ma situation était présentement trop précaire pour que je prenne un tel risque. Le professeur Porter n'apprécierait certainement pas cette nouvelle intrusion dans sa vie privée. Pourtant qu'avais-je donc fait de si répréhensible ? Rien. J'avais simplement exprimé une vérité que je ne pouvais garder pour moi. La confiance. Et qui étais-je, moi, Alice Simons, pour de nouveau croire. Croire que cela était possible. Dès que je l'avais vu, j'avais su. Su que tout était possible avec cet homme. Les bruits de pas, remontant de la cave, se rapprochèrent. Le professeur Porter ne pouvait me surprendre, là, devant la porte du bureau. Je me dépêchai de gagner la cuisine. Mon cœur battait très fort dans ma poitrine. Il ne fallait pas qu'il me trouve à ne rien faire. Je mis la bouilloire à chauffer et sortis une tasse du buffet. Une tasse de thé serait la bienvenue. Cette tâche effectuée, je fermai un instant les yeux et vidai mon esprit de toutes pensées non nécessaires, afin d'entendre ce que me dirait la voix. Cette dernière se manifesta très vite et les paroles tant attendues furent prononcées : « Ne t'inquiète pas ». J'éprouvai, à cet instant, un immense soulagement et toute la tension nerveuse, que je ressentais alors, s'évanouit comme par enchantement. Comme à chaque fois que je demandais de l'aide, je remerciais à voix basse.

D'une seconde à l'autre, il serait là, devant moi et je devrai lever les yeux et rencontrer son regard, ce regard qui m'avait, quelque part, déjà envoûtée. Une impression fugace, mais tenace qu'au-delà des apparences, qu'au-delà de ce visage, se cachait quelque chose de plus fort, de plus fou, de plus éternel.

Une impression, qu'un nous, avait déjà existé et que ce nous avait revêtu une autre apparence.

Mais qu'en était-il de lui, de ses pensées ? À un moment, je l'avais senti surpris. Quelque chose l'avait remué. Avait-il ressenti cette même impression ?

Il est vrai qu'il était un chercheur, un mathématicien, un physicien et donc un homme avec un esprit ouvert sur toutes choses. Mais pour que ces choses prennent vie, il fallait qu'elles deviennent explicables par des formules mathématiques. Était-il prêt à cela ?

Je décidai de lever les yeux et d'attendre le verdict. Je partirais si tel était son désir. Pourtant dès qu'il entra dans la pièce, je sus que quelque chose avait changé. Nos regards s'accrochèrent l'un à l'autre comme s'ils ne devaient jamais se quitter. Je sus à cet instant qu'il avait décidé de me garder. Très vite, il reprit une attitude professionnelle.

— Je vous cherchais. J'ai fait du rangement dans mon bureau. Vous allez pouvoir trouver une place pour vous installer.

Je restai quelques secondes à le fixer afin de savourer ce grand moment de bonheur. Puis je remerciai mentalement avec la plus grande gratitude « la voix » et poussai un ouf de soulagement. Je pouvais maintenant poser la question.

— Qu'est-ce qui vous a fait changer d'avis ?

— Je ne sais pas. Quelque chose en vous m'a semblé différent.

— Différent ?

— Oui différent ! Ne me demandez pas pourquoi ? Je ne pourrais répondre à cette question. Acceptez plutôt les choses telles qu'elles sont !

— D'accord, répondis-je simplement.

Il ne fallait surtout pas que je le brusque. Les réponses viendraient, mais je devais lui laisser le temps de comprendre ce qui était arrivé. Je baissai les yeux, trop heureuse de cette nouvelle, et il ne devait surtout pas s'apercevoir que cette nouvelle m'avait profondément émue.

— J'allais prendre un thé, en voulez-vous un aussi ?

— Pourquoi pas ?

Tandis que je versais le liquide chaud dans les deux tasses, je sentis son regard se poser sur moi. Un profond émoi s'empara de moi. Il y avait tellement longtemps qu'un homme m'avait regardé ainsi. La dernière fois, cela était au temps de mon premier mariage et depuis je n'avais plus jamais laissé un homme me regarder ainsi. Le temps s'était arrêté et nos corps, nos pensées, étaient au diapason.

Nous aurions pu rester un long moment ainsi si mon chat Bill n'avait décidé d'interférer dans cette magie. À son aise dans cette maison qu'il avait faite sienne depuis notre arrivée, il sauta sur le plan de travail et s'allongea de tout son long.

— Bill ! m'écriai-je aussitôt. Tu sais très bien que tu n'as pas le droit de grimper partout comme cela !

— Laissez-le. Cela ne me dérange nullement. Ce chat fait ce qu'il lui plait quand cela lui plait ! Il est dans le vrai ! Il a compris certaines lois qui régissent notre univers. Il fait fi des conventions, de ce que l'on peut penser de lui. Il est heureux ! Tout simplement heureux !

Tandis que j'écoutais cet homme prononcer ces paroles, des paroles auxquelles je croyais moi-même, je sentis monter en moi une vive émotion de bonheur. Je compris à cet instant que j'avais repris les rênes de ma vie et je remerciai, mentalement, et avec gratitude l'univers et cette « voix » qui m'avaient conduite jusqu'ici. Ma vie était ici et maintenant. Plus rien n'avait d'importance. Ces simples paroles me rendaient heureuse comme je ne l'avais jamais été auparavant. Et je remerciai tout simplement la vie de ces bienfaits.

Si le professeur Porter remarqua quelque chose, il ne m'en dit rien. Mon émotion débordante était palpable. Je lui étais reconnaissante de ne pas m'en faire la remarque. Et ce fut avec un grand bonheur que nous nous occupâmes de l'agencement de notre nouveau bureau sous le regard attentif de mon cher Bill.

Chapitre 8

Les jours, les semaines passèrent et j'en étais toujours à me demander ce qui avait pu amener le professeur Porter à changer d'avis. Au fil du temps, j'avais appris à le connaitre. Cet homme, qui vivait reclus depuis tant d'années, était un homme de cœur, un homme sage dont le savoir était immense et dont les théories avaient semblé, aux yeux d'éminents chercheurs de l'époque, des théories invraisemblables. John Porter était un avant gardiste. Il ne s'était pas démonté pour autant et avait continué à travailler seul.

Nous avions agencé le bureau de telle façon que nos tables de travail se trouvaient pour ainsi dire face à face. Tout autour de la pièce, des bibliothèques habillaient les murs et au fond un immense tableau noir où nous avions inscrit les principales formules mathématiques nécessaires à notre quête. Monsieur Albert Einstein était devenu notre professeur, notre mentor même si d'autres avaient réussi à battre le maître. Nous avions même accroché un portrait de l'homme qui avait révolutionné notre perception du monde, de tout ce qui nous entoure. Nous avions tout à apprendre et tant à découvrir.

Une théorie nous tenait à cœur, c'était cette fameuse « théorie des cordes » par laquelle tout l'univers est composé de minuscules brins d'énergie. Albert Einstein affirmait que l'espace pouvait se tordre, s'étirer et qu'il pouvait même y avoir des trous de verre qui étaient des ponts et des tunnels entre deux régions éloignées de l'espace. Mais pour avoir un trou de verre, il fallait déchirer le tissu de l'espace. Et pour Einstein, il était impossible de déchirer l'espace.

Que faire ? John et moi avons donc décidé de nous atteler à cette nouvelle théorie des cordes afin d'ouvrir une nouvelle perspective.

Nous savons maintenant que les cordes apaisent le chaos et qu'elles permettent à l'espace de se déchirer. Et si l'on parvenait à maitriser le rythme des cordes, on obtiendrait une théorie du tout. À ce jour, il y avait cinq théories des cordes. Trop de théories tuaient la théorie. Un grand physicien, Edward Witter, en 1995 ébranla la communauté scientifique en concevant une nouvelle approche. Ces 5 théories n'étaient pas différentes, mais étaient telles des reflets dans un miroir pour regarder la même chose. La théorie était enfin unifiée et s'appelait la théorie M, une théorie aux onze dimensions. On obtenait la théorie qui expliquait tout l'univers.

Nos travaux à John et à moi consistaient à trouver l'élément décisif qui nous permettrait de découvrir que nous vivions effectivement sur une membrane ou brane.

Et depuis cette collaboration, une paix intérieure m'avait envahie. Je travaillais le matin avec le professeur et les après-midi, je les consacrais à l'aménagement du jardin et de la maison. Cela me permettait de m'aérer la tête, mais aussi d'ouvrir mon esprit à de nouvelles façons de percevoir les choses. Cet emploi du temps convenait parfaitement aussi à mon chat.

En ce début d'après-midi alors que je débroussaillais le fond du jardin, je mis à nue une pierre dont le dessin gravé me rappela aussitôt le site de Stonehenge. Un vif émoi s'empara alors de moi. Mon cœur se mit à résonner très fort dans ma tête et ses battements s'accélèrent. Après avoir dégagé toute l'herbe autour, je me retrouvai bientôt devant une immense dalle de forme circulaire avec un entrelacement de lignes qui me firent donc penser à un mandala. De quoi pouvait-il donc s'agir ? Ces dessins je les connaissais pour les avoir déjà vus sur différents sites de la planète. Notamment en Égypte, en Chine. Et que faisaient-ils ici, en ces lieux ? Je me devais de prévenir John.

Je le trouvai en plein travail. Et lorsque je lui demandai de venir voir au jardin ce que j'avais découvert, il ne sembla pas surpris.

— C'est trop extraordinaire de trouver ce dessin ici et tout particulièrement dans ce jardin !

commençai-je.

John restait étrangement silencieux et semblait éviter mon regard. Je le voyais bouger ses notes comme s'il était à la recherche de quelques écrits devenus soudainement d'une importance capitale.

— Vous m'entendez ! Je vous dis que je viens de trouver un pictogramme dans votre jardin et vous ne trouvez pas cela bizarre !

— Je suis au courant, répondit-il simplement.

— Et....

— Laissez ce pictogramme là où il est et n'en parlons plus, me répondit-il soudainement agacé par mon insistance.

— Mais cette découverte est extraordinaire ! m'écriai-je, surprise par ce changement d'humeur.

Il finit par poser ses dossiers et se retourna vers moi.

— Cette découverte doit rester là où elle est ! Un point c'est tout !

Son regard ne lâchait pas le mien et je sentis à cet instant que je venais de réveiller une terrible douleur.

Je baissai le ton et demandai humblement :

— Mais pourquoi ?

— Des questions, des questions et toujours des questions ? Vous n'êtes pas fatiguée de toujours poser des questions ?

— Je croyais…, commençai-je.

— Vous ne savez rien !!! Rien de moi ! De ma vie ! De mes travaux ! Je pensais que le temps avait fait son œuvre et que ce pictogramme serait à jamais enseveli sous ses mauvaises herbes ! Et il a fallu que vous alliez dénicher ce que j'avais mis tant d'années à oublier !

— Comment aurais-je pu savoir que vous cachiez intentionnellement un pictogramme au fond de votre jardin ! Je ne suis pas dans votre tête ! C'est vrai que je ne connais rien de votre vie ni de vos travaux ! Mais bon sang, nous formons une équipe maintenant et je pense vous avoir prouvé que vous pouviez me faire confiance !!!

— Qui vous parle de confiance ? Vous ne savez rien de rien ! Vous avez encore beaucoup à apprendre jeune dame !

— Mais si vous ne me dites rien ! Comment voulez-vous que je devine ?

John me regarda un long moment puis se leva de son fauteuil. Il passa devant moi tout en me faisant signe de le suivre.

Nous nous dirigeâmes vers l'entrée de la cave. John sortit une clé de la poche de son veston et déverrouilla la porte. Il actionna un interrupteur et j'aperçus une enfilade de marches qui semblait interminable.

— Faites attention, l'escalier est abrupt, me signala-t-il en commençant à descendre.

Je le suivis sans un mot. À mesure que je

descendais, je ressentis le froid et l'humidité imprégner mes os. Une odeur de moisi me chatouilla les narines.

Une fois en bas, je découvris tout un enchevêtrement de vieux meubles, livres, ustensiles de cuisine. Tout un bric à broc qui me laissa quelques secondes pantoise. Le temps de la surprise et je suivis John qui avançait savamment entre tout cet enchevêtrement. Nous arrivâmes devant un vieux meuble qui ressemblait à une bibliothèque. John posa sa main à un certain endroit et j'entendis un déclic. Un pan de mur s'ouvrit tout à coup devant moi.

Je n'eus pas le temps de demander quoique ce soit qu'il me demanda aussitôt de le suivre. La pièce, dans laquelle nous entrâmes, n'avait rien à voir avec ce que nous venions de traverser. C'était le jour et la nuit. John appuya de nouveau sur un endroit du mur et la porte se referma sur nous. Cette pièce ressemblait à un vrai bunker et tout le long des murs des étagères remplies de dossiers. Au centre une grande table avec deux chaises.

Je n'avais toujours rien dit tant la surprise était grande. John me présenta la chaise et me pria d'un geste de la main de m'asseoir. Puis il se dirigea vers une étagère et prit un dossier qu'il posa devant moi.

— Ouvrez ! me dit-il simplement.

Je le regardai quelques secondes et me décidai à découvrir le contenu de cette épaisse chemise cartonnée maintenue par une sangle.

John attendait patiemment posté à côté de moi et ne disait mot.

Au fil des pages que je déplaçais, ce que je découvrais me sidérait. Toujours et encore le même symbole, celui-là même que je venais de mettre à nu dans le jardin. Et ce dernier se décomposait en plusieurs variantes : du simple dessin posé à plat à la version 3 D.

Je me retournai vers John et d'un simple regard interrogateur en lui montrant les feuillets, je l'invitai à m'expliquer. John me regarda quelques instants, l'air grave comme si ce qu'il avait à me dire ou à me dévoiler était d'une importance capitale. De toute façon, il m'en avait trop montré pour reculer maintenant.

Il tira l'autre chaise du dessous de la table et s'assit tout près de moi. Je sentis mon cœur aussitôt battre la chamade et ses coups résonnaient en ma poitrine. Je n'osai relever la tête, de peur que John ne voie le rouge qui m'était monté aux joues.

Il commença son explication d'une voix basse comme si les murs avaient le pouvoir de nous entendre.

— Cette gravure sur la pierre du jardin n'est pas un simple dessin. On la retrouve dans divers lieux sur la Planète et sur des monuments célèbres tel le temple d'Osiris en Égypte, la Cité interdite en Chine et bien d'autres endroits sur notre planète.

— Mais pourquoi le retrouve-t-on dans votre jardin ? demandai-je aussitôt.

— À cause de Stonehenge, je pense…

— Stonehenge, répétai-je machinalement tout en continuant à regarder les notes du dossier.

John voulait me faire deviner seule ce à quoi il pensait. Je ne voyais que des schémas avec des sphères, des triangles, mais rien qui me fit penser à Stonehenge.

Je levai la tête et le regardai en quête d'une réponse.

— Avant que je ne vous en dise plus Alice, il me faut vous mettre au courant de certaines choses.

Ma curiosité plus qu'en alerte s'en sentit plus qu'aiguisée. À cet instant, je sentis John plus qu'hésitant quant à la divulgation de ces informations.

— Voilà bientôt vingt ans que j'ai fait cette découverte. J'étais plus jeune et heureux de pouvoir offrir à la science une nouvelle approche de concevoir l'énergie…

— L'énergie ? demandai-je aussitôt.

— Oui, l'énergie, car ce schéma ou ce dessin, que vous avez trouvé et qui a été brûlé dans la structure atomique de la roche du jardin, n'est rien d'autre que la représentation en 2D du vecteur équilibrium ou pour faire simple le squelette d'un tore !

— Un tore d'énergie ? m'écriai-je surprise.

— Oui un tore d'énergie libre avec ses 64 tétraèdres lorsqu'on le regarde en 3D.

— Cela veut donc bien dire ce que je pense ? L'énergie illimitée et gratuite pour tous ! Mais pourquoi ne pas être allé plus en avant dans vos travaux ?

— Bien d'autres avant moi on fait cette découverte ! Nikola Tesla fut un des premiers et puis d'autres par la suite. Tous leurs travaux furent stoppés ou saisis. Certains en ont même perdu la vie.

— Vous voulez dire que…

— Je n'ai rien dit de tel ! me coupa aussitôt John. Simplement mes travaux furent saisis, tous les crédits coupés et l'on me fit promettre, bien que promettre ne soit pas le mot adéquat, de ne plus diriger mes recherches en ce sens. Et pour s'assurer de ma coopération, on me relégua comme simple professeur de Physique. C'est ainsi que j'enseigne depuis un peu moins de 20 ans à l'université de Cambridge.

— Mais pourquoi ? Cela n'a aucun sens ? m'écriai-je, totalement éberluée par ce que je venais d'apprendre.

— Alice, avec le temps j'ai compris une chose et cette chose, c'est de ne jamais divulguer ses travaux avant d'avoir pris toutes les précautions possibles. Nous nous rejoignons en ce sens, je crois ?

Je ne pus que répondre par un signe de tête affirmatif. John et moi avions quelque chose en commun : nos années de recherche réduites à néant par le bon vouloir de quelques personnes haut placées.

Il restait, néanmoins pour John, cette chemise cartonnée avec ses travaux sur l'énergie libre. Tout n'était pas perdu pour lui. Il sembla comprendre, sans que je n'aie énoncé aucun mot, où mes pensées me conduisaient.

— Je ne crois pas Alice qu'un jour l'énergie libre voie le jour. Bien sûr, il reste le détail de mes travaux et ces derniers n'ont survécu que grâce à cette cache. Le monde n'était simplement pas prêt à recevoir cette merveilleuse découverte. Je suis un chercheur, mais aussi un grand rêveur.

— Alors nous sommes deux grands rêveurs ! répondis-je simplement par ce qu'il venait de formuler.

La vie n'avait pas été simple pour aucun de nous, mais à partir de cet instant, je me promis que tout allait changer. La Villa des pierres suspendues allait retrouver son faste d'antan. John Porter n'avait que trop souffert et je compris à cet instant que mon destin serait à jamais lié à celui de cet homme pour qui je sentais mon cœur battre d'une façon qui était loin de me déplaire. À cet instant, je compris pourquoi ma petite voix intérieure s'était tue. Un bien-être me remplit le cœur et le corps. J'avais enfin compris qu'elle devait être la mission de ma vie. Le cheminement, pour y parvenir, me paraissait maintenant clair et net.

Et tandis que John rangeait la chemise cartonnée dans le coffre, je gagnai l'étage supérieur. Il fallait à tout prix que je trouve le moyen de persuader John de reprendre ses travaux dans le plus grand secret.

Mentalement, je posai la question à ma petite voix intérieure, et un grand oui inonda mon cœur de bonheur. Il me restait juste à trouver le support sur lequel nous allions baser nos recherches pour mettre au grand jour cette énergie libre et inépuisable. Le site de Stonehenge s'imposa aussitôt à moi comme si cette évidence avait toujours été, mais que je ne la voyais pas.

À cet instant un sentiment de paix intérieure m'envahit et je remerciai la vie de ce bienfait.

Chapitre 9

À partir de ce moment-là, ce moment ou John m'avait confié ce secret sur son travail passé, les choses changèrent grandement entre nous deux. Nous étions devenus deux aimants que rien ne pourrait dorénavant séparer. Nous avions souffert tous les deux, à des niveaux sensiblement égaux, le vol de nos travaux, et de ce fait, nos vies en avaient été irrémédiablement changées. Je n'avais pas besoin de ma petite voix intérieure pour me dire qu'il n'y avait pas de hasard à tout cela puisque ma croyance la plus forte était que le hasard n'existait pas tout simplement. Nous avions tous deux un cheminement de vie similaire et à cet instant présent, avec tout ce que je savais, je n'aurais pas voulu qu'il en soit autrement.

J'avais trouvé mon double. John était mon ami, mon amour, celui que la vie m'avait réservé depuis toujours. Pas besoin de mots pour se dire ce que nous ressentions l'un pour l'autre, les choses s'étaient révélées à nous comme une chose normale et prévue. Un cadeau de la vie dont la valeur est au-dessus de tout ce que nous aurions pu imaginer. D'un revers de main, nous avions donc balayé le passé pour vivre pleinement ce que la vie venait de nous offrir : le bonheur d'être dans l'instant présent. Le bonheur de s'être trouvés et de s'aimer.

Et tandis que les journées passaient dans la joie de tout ce que nous devions accomplir ensemble, petit à petit la Villa des pierres suspendues retrouvait sa beauté d'antan. Oh nul besoin de dépenser sans compter, simplement un peu d'huile de coude et le plaisir de redonner vie à toutes ces belles choses. J'avais toujours eu le don pour arranger, polir, peindre, coudre, mais je ne l'avais jamais fait, jusqu'à ce jour, avec une telle envie et un tel bonheur. Cette maison avait une âme et je découvrais au fil de l'avancement de mes travaux, combien cette âme était belle.

De temps en temps, John venait me donner un coup de main. Et ensemble, nous décidions des changements à apporter à l'ensemble. Mais une chose était certaine, c'était que nous n'évoquions jamais les travaux sur l'énergie libre durant le jour. Nous attendions sagement le soir et lorsque toutes les portes et fenêtres étaient closes, à l'abri donc de toutes oreilles indiscrètes, John gagnait la cache secrète et travaillait quelques heures à la mise en œuvre de cette magnifique découverte. Dans peu de temps, il passerait des plans à la construction de l'appareil. Avec la reprise de ses travaux, John semblait avoir retrouvé un regain d'énergie. La peur, il l'avait connue il y a longtemps, et maintenant il était prêt à tenir tête et à affronter le danger, car danger il y avait toujours. La chose qui avait changée était qu'il n'était plus seul et la maturité de l'âge étant arrivée, on ne l'intimiderait plus aussi facilement. Je devrais plutôt dire : on ne nous intimiderait plus ainsi. J'étais soudain libérée d'un énorme poids comme si ces simples mots avaient suffi à me rendre ma liberté.

Six mois étaient passés et je me rappelais encore le premier jour où j'avais mis les pieds à la Villa des pierres suspendues, il me semblait que c'était hier. Nous n'avions pas revu l'ancienne gouvernante, madame Smith, et je ne cachais pas que j'en étais soulagée. Elle avait été appelée auprès d'une parente malade, et le destin avait bien fait les choses, pas parce que j'étais heureuse de cette parente malade, non, mais parce que madame Smith ne nous aurait pas laissés en paix s'il en avait été autrement. Elle aurait trouvé à redire à tous ces changements et peut-être cela aurait-il changé le cours de notre destinée à John et à moi.

Suite au grand abattement qu'avait subi John après la confiscation de ses travaux, il n'avait pas remarqué l'emprise que cette femme avait prise sur lui et la bonne marche de la maison. Cette Villa des pierres suspendues était depuis des générations dans sa famille et après lui, il n'y aurait personne pour en hériter. Avec le recul, John, maintenant, se rendait compte de l'influence néfaste de cette femme qui l'avait manipulé depuis son arrivée en tant que gouvernante. Elle était même une très grande experte dans ce domaine. Elle devait donc être le moins possible admise aux pierres suspendues. De plus, dans tous nos travaux de remise en état, John avait remarqué que de nombreux souvenirs de famille avaient disparu. Services à thé, petites cuillères en argent, médaillons, dentelles... Au cours des années passées, madame Smith avait vidé les lieux de ses nombreux trésors, mais John n'avait aucune preuve pour étayer ses dires et pour accuser ladite gouvernante. La seule chose urgente à faire était de changer les serrures des portes dont madame Smith détenait encore un double. Ce fût fait très rapidement. Les allées et venues de cette dame étaient donc maintenant devenues impossibles.

De plus, depuis quelques jours, je ressentais comme un profond malaise. J'interrogeai donc ma petite voix intérieure et le premier mot fut « méfiance ». À ce moment, je compris que nous ne tarderions pas à avoir la visite de madame Smith. De tout ce que nous avions arrangé à la Villa, il ne restait plus que la grande pièce à remettre en état ainsi que la tour sud de la maison. Nous avions décidé, d'un commun accord, John et moi, que nous n'opérerions ce changement que lorsque nous aurions assez avancé dans nos travaux de recherche, c'est-à-dire jusqu'à la veille de leurs publications. De plus la tour sud ne contenait que des documents de famille.

Notre planning de travail était toujours le même, le matin nous travaillions ensemble, l'après-midi, John restait seul au bureau tandis que j'arrangeais le jardin et le soir, tandis que je vaquais à mes travaux ménagers, il travaillait à sa grande invention au sous-sol.

Deux jours plus tard, alors que j'étais occupée à désherber un parterre afin de lui redonner sa beauté d'antan, la cloche du grand portail tinta. Aussitôt tous mes sens furent en alerte. Il ne pouvait s'agir que d'une seule personne et elle n'avait pas tardé. Je pris le temps de m'essuyer les mains et me dirigeai vers le grand portail.

— Oui ? demandai-je au travers de la porte.

— Ouvrez donc ! Vous ne voyez donc pas que c'est moi ! s'écria madame Smith.

Elle n'avait rien perdu de sa superbe et je souris intérieurement. Cette dame allait recevoir un sacré choc. Je pris le temps de lui ouvrir et à peine la porte fut-elle entrouverte, qu'elle la poussa de son bras pour entrer tout de go.

— Vous en avez mis du temps, me dit-elle tout en m'observant de la tête aux pieds.

— J'avais de la terre sur les mains et…

— Je ne comprends pas, me coupa-t-elle. Ma clé ne fonctionne plus dans la serrure !

— C'est normal, le professeur a fait changer toutes les serrures de la maison, répondis-je avec mon plus grand sourire.

Elle me regarda, soudain d'un air surpris.

— Quelle idée ! Les anciennes serrures

fonctionnaient très bien ! Il faudra penser à me donner le nouveau double des clés, annonça-t-elle le plus naturellement possible.

Je ne répondis rien et attendis patiemment qu'elle termine tout son blabla.

— Et bien qu'attendez-vous pour me conduire jusqu'à la villa ! Je n'ai pas toute ma journée à attendre après vous !

Voyant que je ne bougeais toujours pas, elle s'élança dans l'allée et se dirigea vers la porte d'entrée restée grande ouverte.

— Ne vous avais-je pas dit qu'il fallait passer par l'arrière, me cria-t-elle par-dessus son épaule. Il était temps que je revienne pour remettre les choses à leur place !

Voyant qu'elle continuait d'avancer, je m'élançai pour l'empêcher de franchir le seuil.

— Madame Smith, le professeur Porter ne veut pas être dérangé. Vous ne pouvez pas entrer ! lui répondis-je.

— Il ne manquerait plus que ça que vous m'interdisiez d'entrer ! Vous n'êtes qu'une employée ici Alice Simons !

Alors que j'allais lui répondre quelque chose de peu agréable, John se présenta à la porte. Je poussai un ouf de soulagement. Il était temps que quelqu'un s'interpose à cette femme qui n'avait aucun savoir-vivre.

— Que se passe-t-il Alice, me demanda-t-il en me

regardant droit dans les yeux.

— J'expliquais à madame Smith que tu ne voulais pas être dérangé, répondis-je simplement.

Le tutoiement n'avait pas échappé à la visiteuse. Elle sembla soudain tétanisée. Elle comprit à cet instant qu'elle ne maitrisait plus le jeu. Les rôles étaient inversés.

Je m'approchai de John et aussitôt il passa son bras autour de ma taille.

Le visage de madame Smith passa par toutes les couleurs, sa bouche s'ouvrant, se refermant et finalement aucun son ne put en sortir. Elle remarqua aussitôt le changement qui s'était opéré sur le professeur Porter. Son visage était plus lumineux, son maintien plus droit et plus sûr. C'était un homme rajeuni et métamorphosé qu'elle découvrait à présent.

Finalement, elle retrouva ses esprits et elle s'adressa à moi de son ton le plus outré.

— Et bien, je vois que vous n'avez pas perdu votre temps Alice Simons, et moi qui vous ai accueilli ici alors que vous étiez sans le sou. C'est malheureux comme vous avez osé profiter d'un vieil homme ! Je n'ose imaginer ce que vous avez fait pour vous sentir ainsi chez vous et profiter des sentiments du professeur !

— L'amour, tout simplement l'amour madame Smith ! Je pense que ce mot est étranger à votre vocabulaire et à votre façon de penser ! John et moi, nous nous aimons tout simplement !

m'écriai-je hors de moi.

— À cinquante-cinq ans, je ne me considère pas comme un vieil homme, et puis j'ai repris les rênes de ma vie. Je n'ai plus besoin de gouvernante. À mes yeux, Alice est plus que cela, elle est la femme que j'aime, la femme qui m'a redonné la lumière, la femme que j'ai cherchée toute ma vie !

À cet instant, je me sentis plus forte que tout et me serrai tout contre l'homme que j'aimais. John venait d'exprimer haut et fort ce qu'il ressentait pour moi. J'étais émue et mes yeux se remplirent de larmes. John le remarqua et se pencha sur mon visage pour y déposer un baiser sur mes lèvres.

Et tout cela se passa sous les yeux ébahis de madame Smith. Nous venions, John et moi, de dépasser toutes les règles de bien séance.

— Quelle honte Professeur ! Comment avez-vous pu vous laisser berner par cette intrigante !

— Non, vous vous tromper, Alice n'est pas une intrigante, Alice est plutôt devrai-je dire claire voyante !

— Je ne comprends rien à ce que vous me racontez là professeur ! s'énerva l'ancienne gouvernante.

— Vous ne pouvez pas comprendre ! Tous ces longs mois avant l'arrivée d'Alice, j'étais comme dans un tombeau, attendant ma dernière heure avec empressement et chaperonné et veillé même surveillé par l'ombre noire que vous étiez ! Grâce à Alice, j'ai ouvert les yeux et vu que petit à petit des gens creusaient doucement, mais sûrement ma tombe en quête de toujours plus ! Je suis plus vivant que jamais, madame Smith ! Cette villa va retrouver sa splendeur d'antan et les magnifiques objets qui décoraient cette maison doivent retrouver leur place ! Je voulais offrir à Alice en guise de cadeaux de mariage le service à thé de ma mère et quelques autres objets, mais nulle part je n'en ai trouvé trace ! Pouvez-vous me dire où vous les avez rangés, madame Smith ?

Le ton de John était accusateur et ses derniers mots finirent par embarrasser l'ancienne gouvernante.

— Que voulez-vous que je vous dise ! Je n'en sais rien où ils sont ! Vous ne m'accuseriez pas de vol quand même ? Moi qui ai été une fidèle gouvernante toutes ces années, après que mes ancêtres aient servi les vôtres, et qui ai eu pitié de vous lorsque l'on vous a relégué au simple grade de professeur d'université ! s'écria-t-elle. Je pourrais vous retourner ce drôle de compliment Professeur quand je pense que la police est venue saisir toutes vos recherches ! Ah jamais, on ne m'avait traitée ainsi ! Moi une femme qui va tous les dimanches à l'église, moi qui suis toujours là pour les nécessiteux ! Je crois qu'il se passe encore de drôles de choses ici ! Il ne faudrait pas que l'on me demande quoi que ce soit sur vous parce que des choses j'en aurais à dire !

J'allais répondre à ces accusations malsaines lorsque John me saisit le bras afin que je ne dise rien.

— Je crois que moi aussi j'en aurais des choses à dire madame Smith ! Ne vous avisez pas à colporter des ragots de ce qui se passe à la Villa des pierres suspendues parce que, moi aussi, je pourrais me laisser à raconter des choses comme la disparition d'objets de valeur ! Je n'ai rien à craindre de la police et n'ai rien fait de répréhensible par le passé. Je suis un honnête homme moi ! Madame ! Je vous demande donc de quitter ces lieux sur-le-champ et de ne jamais y revenir ! Je ne vous dis pas au revoir, madame, je vous dis adieu !

Le visage de la gouvernante était décomposé et malgré cela elle ne pût s'empêcher d'ajouter :

— Vous ne vous sentirez pas toujours aussi fort professeur, il y a des choses dont vous ne connaissez même pas l'existence ! À votre place, je me méfierais. Les choses du passé peuvent à tout moment ressurgir ! Je vous aurais prévenu !

Ensuite, elle rebroussa chemin, en levant la tête pour montrer ô combien elle se sentait supérieure à nous. Néanmoins, je me sentis frustrée de n'avoir pu participer à cette conversation. Alors que madame Smith approchait du grand portail, je m'empressai de la suivre et lui demandai en tendant la main :

— Madame Smith, les clés s'il vous plait.

Elle me fusilla du regard et sortit de sa poche le trousseau de clés de la villa qu'elle jeta au loin dans l'herbe.

Je souris à son geste puéril. Je n'avais rien

d'autre à ajouter. Elle venait de montrer son vrai visage, celui d'une personne fausse, malhonnête. Une manipulatrice dans sa superbe !!!

Et je poussai un ouf de soulagement lorsqu'elle eut quitté les lieux tandis que je fermais à double tour le grand portail de la villa. John n'avait rien manqué de cette dernière scène et je m'empressai d'aller le rejoindre. Nous avions notre vie à vivre et maintenant que madame Smith ne remettrait plus jamais les pieds dans notre maison, au loin, j'entendis les oiseaux chanter dans les arbres.

Chapitre 10

Août était déjà là avec son flot de touristes. Le site de Stonehenge attirait toujours autant de monde. Sa magie allait grandissante.

De nombreuses photos s'étaient ajoutées à celles que j'avais prises à mon arrivée. Cet endroit avait un secret et je me devais de le découvrir. À mon avis, il n'était pas seulement un monument pour fêter le solstice d'été ou celui d'hiver. Stonehenge était la partie restée apparente d'un énorme complexe.

Dans une des tours de la villa, John avait aménagé une pièce afin que je puisse assouvir ma passion pour la photographie. Une table, quelques chaises, un grand secrétaire avec un nombre important de petits tiroirs, de grands tableaux de liège afin que je puisse punaiser au mur mes photos du site, une grande bibliothèque où j'avais rangé tous les livres existant sur Stonehenge ainsi que le matériel nécessaire à l'agrandissement et impression de mes photos. J'étais aux anges. J'allais enfin pouvoir m'y mettre sérieusement, et essayer de comprendre pourquoi ce monument avait une si grande emprise sur moi.

Et pour ce qu'il était de nos travaux communs, ils avançaient considérablement. John avait commencé l'élaboration de son appareil à énergie libre. Dans quelques mois, il serait fin prêt et je n'avais qu'une hâte, c'est que ce brillant scientifique, dont j'étais amoureuse, voie enfin son invention mise au grand jour. Nous travaillions donc main dans la main dans le plus grand secret et pour notre plus grand bonheur, nous n'avions plus entendu parler de madame Smith.

En ce début d'après-midi pluvieux, alors que j'étudiais mes dernières photos prises, soudain, je ressentis le besoin impérieux de descendre à la cave. Un léger vertige m'habitait à chaque fois que je contemplais les photos de ces pierres et il me sembla à cet instant et pour la première fois un léger décalage entre mon corps et mon esprit jusqu'à ne plus être maîtresse de mes pensées. Une force plus forte que tout me commandait. Tel un automate, je descendis les marches, qui menaient à la cave, une par une avec une certaine raideur. Une force invisible me poussait à explorer plus en avant ce sous-sol. Ma main trouva aussitôt l'interrupteur avec une facilité qui me surprit plus tard. Quelque chose de moi était ce corps que je ne commandais plus jusque très loin dans les méandres de cet endroit humide et sombre dont je n'aurais jamais pu deviner l'existence. Mes pas s'arrêtèrent soudain devant un grand mur de pierre et ma main se posa sur un nombre, le « dix », gravé dans la pierre en forme de croix. Ma peur allait grandissante et une petite partie de mon esprit, encore lucide, faisait tout son possible afin que je reprenne possession de mon corps. J'avais l'impression de vivre un rêve bizarre où mes mouvements et mes pas semblaient se mouvoir au ralenti. De toutes mes forces, j'essayai de mémoriser ce nombre « dix ».

Et tandis que mes doigts se posèrent sur l'inscription, un pan de mur se déplaça et me laissa entrevoir une pièce circulaire. Une lumière brillait en son centre. Une lumière pourtant qui semblait venir de nulle part. Il me parut, sur le moment, reconnaitre la réplique du site de Stonehenge. Puis, tout à coup, l'espace-temps s'accéléra et je me sentis soudain aspirée par une force inconnue. Puis ce fut le noir absolu.

Lorsque j'ouvris les yeux, j'étais allongée sur le canapé du salon et John était penché au-dessus de moi, le visage inquiet. J'essayai de me relever, mais aussitôt il me retint d'une main douce.

— Reste encore allongée un petit moment. Je ne voudrais pas encore te voir perdre connaissance. Tu peux être assurée de m'avoir fait une belle peur Alice Simons, m'expliqua-t-il.

Dans son regard, je pus y lire, à cet instant, tout l'amour qu'il me portait et l'inquiétude que je lui avais causée. Je reposai doucement ma tête sur le coussin qu'il avait pris soin d'installer. Que s'était-il donc passé ? Je me rappelais d'être assise, dans mon bureau à l'étage de la tour, à travailler sur mes nombreuses photos de Stonehenge. Et puis cette impression bizarre d'un décalage dans tout mon corps. Seul souvenir de cet étrange voyage, qui me revenait à cet instant en mémoire, ce nombre « dix » gravé en forme de croix dans la pierre et puis cette impression d'un grand tournis. Le vide ensuite pour enfin me retrouver allongée sur ce canapé.

John me proposa un verre d'eau. Je le repoussai de la main. J'avais l'impression d'avoir attrapé le mal de mer et le seul fait de penser à ingurgiter quoi que ce soit me donna la nausée.

— Je suis incapable d'avaler quoique ce soit John, ne serait-ce qu'un peu d'eau, lui expliquai-je d'une voix encore marquée par les évènements que je venais de vivre.

— Prends le temps de te remettre mon Alice, me répondit-il simplement.

À cet instant, devant le visage tourmenté de John, je mesurai la force de son amour pour moi et je compris qu'il avait eu très peur de me perdre.

Je lui attrapai doucement la main et la serrai très fort dans la mienne. Je fermai les yeux. Lentement, je sentais que mes forces revenaient et que les effets du malaise s'estompaient. Mes idées s'éclaircissaient et je reprenais possession de tous mes moyens. Ma petite voix intérieure était revenue et me fit savoir que tout allait bien. Lorsque je la questionnai mentalement, elle me fit comprendre que j'étais sur le bon chemin. Et moi de lui répondre mentalement de toutes mes forces : mais de quel chemin voulait-elle parler ? La voix de me répondre : le chemin de la vérité et cette vérité est en toi.

Avec des questions qui amenaient toujours plus de questions, j'avais l'impression de devoir résoudre une énigme avec toutes les énigmes à l'intérieure. Plus il me semblait avancer, plus le mystère s'épaississait. Pour ma voix intérieure, cela paraissait pourtant si simple. De quelle vérité voulait-elle donc parler ?

— Oh et puis zut alors ! m'écriai-je tout à coup haut et fort.

Aussitôt John, resté près de moi, me demanda.

— Tout va bien Alice ?

— Oui, oui, lui répondis-je simplement. Je ne comprends pas ce qui a pu m'arriver ? Que s'est-il passé ? lui demandai-je.

— Je t'ai retrouvée évanouie en bas des escaliers de la cave, m'expliqua-t-il.

— Mais que faisais-je là ? Je me rappelle être à l'étage, dans mon bureau en train de travailler sur mes photos et puis plus rien sauf peut-être le nombre « dix » !

— Le nombre « dix » ? La mémoire nous joue parfois des tours. Tu m'as fait une grande peur Alice ! Je te croyais morte en bas de ces escaliers ! Tu aurais pu te rompre le cou !

Je portai ma main à ma tête, espérant faire ressurgir quelques indices de ce néant. Mais rien. Un épais brouillard semblait s'être emparé de ce moment que je n'arrivais pas à comprendre.

J'étais sûre d'une chose, c'était que je ne dormais pas lorsque ce décalage était apparu. Et comment John avait-il pu me retrouver évanouie en bas des escaliers de la cave ? Ce que j'avais vécu était comme un rêve lointain dont je ne pouvais distinguer les détails. Je ne gardais que cette impression d'être à côté d'un moi qui n'était plus moi. Et John qui était assis là près de moi à s'inquiéter de ce qu'il venait de m'arriver. Il était peut-être temps que je lui parle, que je lui dise que je n'étais pas tout à fait la femme qu'il croyait que j'étais. Je ne pouvais garder plus longtemps ce secret, qui j'en étais certaine était responsable de ce qui venait de m'arriver. Ce qui m'avait fait attendre tout ce temps était la peur. La peur de ce qu'il pourrait penser, la peur qu'il ne voudrait plus de moi, la peur qu'un homme intelligent comme lui ne voie pas du même œil que moi toutes ces choses qui touchent à l'invisible au surnaturel même. Quelque chose en moi me faisait pourtant croire que John comprendrait ces choses, car ces dernières faisaient partie de moi. Nos travaux sur les différentes dimensions et l'énergie libre en étaient la preuve. Je décidai donc de tout lui dire sans attendre. Je lui attrapai la main et la serrai dans la mienne. Il me sourit et je répondis à son sourire. Il était celui que j'avais attendu toutes ces années. Je pris une profonde inspiration et me lançai.

— John, je voudrais te dire…

— Repose-toi mon Alice. Nous aurons tout le temps de parler plus tard, me coupa-t-il gentiment tout en tapotant ma main restée dans la sienne.

— Il faut que tu me laisses te dire certaines choses John et il ne peut y avoir meilleur moment que celui-là, répondis-je.

Il m'observa quelques secondes, ses yeux rivés sur les miens, puis sentant que ma demande était une supplique, il hocha la tête en guise d'assentiment.

Donc, je commençai mon récit.

— Il y a quelques années, alors que je croyais ma vie finie et que je n'avais plus aucun espoir de relever la tête, il m'est arrivé une chose extraordinaire. Alors que je pensais faire un geste irréversible, le son d'une voix est apparu en moi. Une voix assez forte qui m'a permis de reprendre assez de confiance pour croire que j'étais quelqu'un qui avait sa place en ce bas monde. Comme tu le sais, j'ai été mariée autrefois avec un homme qui se disait avoir toutes les qualités requises pour faire mon bonheur. Foutaise ! Tout cela n'était que mensonges ! J'ai souffert à cause de cet homme qui n'a pas hésité, comme tu le sais, à me voler mon travail. Ce travail était toute ma vie. Il existe en ce monde de nombreuses personnes de cette sorte et ce sont des manipulateurs. Ils sont experts à détruire la personnalité des personnes qu'ils rencontrent sur leur chemin. J'ai mis des mois à me remettre des actes de cet homme qui possède plusieurs personnalités. Et cette voix qui est apparue un jour n'a pas cessé de grandir en moi. Et c'est grâce à elle que je suis venue ici. Elle m'a conduite jusqu'au site de Stonehenge et de ce fait jusqu'à toi.

Je m'arrêtai de parler quelques secondes pour voir quel effet avait eu mes paroles sur l'homme de science. L'esprit cartésien de John allait-il résister à tout cela ?

Pour ma plus grande surprise, il me sourit et m'invita d'un geste à continuer. Je lui souris à mon tour, comprenant à cet instant, que rien ne pouvait étonner cet homme dont je connaissais maintenant la richesse de cœur. Je continuai donc mes explications.

— À chaque fois que je regarde les photos du site de Stonehenge, je sens en moi grandir et monter un grand tournoiement comme si je me retrouvais soudain aspirer par une énergie si puissante que cela me terrifie. Je sens mon corps se décaler comme si j'étais deux personnes puis la peur prend le dessus et tout redevient normal. Et je crois que c'est ce qu'il m'est arrivé tout à l'heure. Je travaillais sur Stonehenge lorsque le phénomène s'est produit. Tu connais la suite, tu m'as retrouvée évanouie en bas des escaliers de la cave.

Puis lorsque mes explications furent terminées, j'attendis ce que John allait répondre à cela. Je savais que je n'étais pas folle. J'avais lu assez de livres pour savoir que, tous les jours, des milliers de personnes vivaient de ces expériences à des stades différents. Je n'espérai qu'une seule chose, à cet instant, c'était que John me croit et qu'il ne pense surtout pas que j'avais perdu la tête.

— Alice, tu dois savoir qu'en tant que chercheur, une qualité est requise, bien sûr le savoir nécessaire, c'est-à-dire les études, mais aussi une part d'ouverture d'esprit. Mes recherches sur l'énergie libre devraient te donner la preuve que tu recherches, mais un autre travail, celui des dimensions, des branes, de l'espace-temps sont les meilleurs éléments que je peux t'apporter pour te dire que je te crois. Il y a quelques années, j'ai été mis au ban de la société pour avoir eu la sotte idée de penser que le temps pouvait se distordre et qu'il existait sûrement plus de quatre dimensions. Nos amis communs Albert Einstein et Nikola Tessla étaient déjà des précurseurs dans ces domaines. Il y a autre chose pourtant que je ne t'ai jamais dit. Ma grand-mère avait des dons de médiumnité et j'ai donc été bercé par une autre vision du monde. De ce fait, ma voie était toute tracée : je deviendrai chercheur en physique quantique afin de trouver une explication mathématique à toutes ces manifestations. Simplement nous sommes à la bifurcation d'une époque qui rejette tout ce qui ne s'explique pas. Je te rassure tout de suite Alice, je crois tout ce que tu m'as dit parce que je crois à tous ces phénomènes.

J'avais les larmes aux yeux tant, à cet instant, je me sentais heureuse. Je ne portais plus seule ce secret. Je me jetai au cou de John. Mon émotion était intense.

— Je crois qu'au grenier, il doit y avoir encore le

journal de ma grand-mère et je crois qu'elle y fait état de toutes ses expériences. Une chose est sûre, je n'ai jamais pris le temps de le lire son. Je peux même te dire que si cette expérience ne t'était pas arrivée, je n'y aurais même plus pensé. Il serait intéressant que nous y jetions un œil. Qu'en penses-tu ? me demanda-t-il la voix légèrement enrouée par le rappel de tous ces souvenirs tristes.

— Oui, cela serait avec grand plaisir. Tu sais que tu ne m'avais jamais parlé de ta famille ? Tu pourrais m'en dire un peu plus ?

— Si tu me promets que cela ne va pas trop te fatiguer, je suis prêt à tout te raconter, me répondit-il tout en me poussant doucement afin que je pose ma tête sur l'oreiller.

Bill que nous n'avions pas vu depuis un petit moment en profita pour venir s'installer tout contre moi. Son ronronnement faisait plaisir à entendre. Ce chat se sentait le roi dans cette immense maison pour ma plus grande joie. John me proposa une tasse de thé que j'acceptai avec plaisir. Et tandis qu'il me quitta quelques instants pour aller préparer notre breuvage préféré, je repensai à l'aventure que je venais de vivre. Les images, petit à petit, se remettaient en place dans ma mémoire tandis que je visionnais mentalement le film de ce que j'avais vécu. Je revis nettement mes doigts se poser sur une gravure dans la pierre puis tout un pan de mur se déplacer. La cave telle qu'elle était conçue actuellement et telle que je l'avais vue lorsque j'y descendais avec John, ne possédait pas un tel mur. Je ne comprenais pas.

John apporta nos deux tasses de thé et approcha son fauteuil du canapé où j'étais allongée. Je lui laissai le temps de s'installer, mais mon impatience était grande d'en savoir encore plus sur l'homme que j'aimais. Ma vie à moi avait été toute simple puisqu'elle avait commencé avec moi, orpheline, et se terminerait avec moi. John prit enfin la parole.

— Cette Villa des pierres suspendues, qui s'apparente plus à un petit manoir, appartient à notre famille depuis plusieurs générations. Elle a été offerte par la reine Victoria à mon aïeul pour services rendus à la couronne d'Angleterre ainsi que les titres de Comte et de Comtesse. Je suis donc le Compte John Porter, mais je ne l'ai jamais porté trouvant qu'il ne convenait guère avec ma condition financière. À l'origine, la propriété possédait des hectares de terre, mais ma famille a subi de nombreux revers de fortune et les terres ont été vendues petit à petit. Ma mère adorait cette maison et y a vécu heureuse de nombreuses années. J'y suis né et ai passé ma jeunesse à jouer, découvrir, vivre dans cette grande maison et de tout ce que j'ai pu y découvrir. Ma voie était de ce fait toute tracée. Trouver une explication à tout ce qui ne pouvait être expliqué. Suivre les traces de mon aïeul qui avait reçu un titre de noblesse pour son travail sur l'élaboration de nouvelles technologies. Il ne faut pas oublier que c'était, à cette époque, la révolution industrielle. Le meilleur des métiers pour moi était donc de devenir à mon tour chercheur. Je crois que les travaux de mon ancêtre sont encore là, au grenier dans une malle. Je te les montrerais si tu veux.

Puis lorsque j'eus dix ans, mes deux parents décédaient dans un accident. J'ai été élevé par la sœur de ma mère qui vivait à Paris. C'est lorsque j'ai atteint l'âge d'aller à l'université que je suis revenue m'installer à « La Villa des pierres suspendues ». La suite et bien, tu la connais.

Puis John se tut, perdu tout à coup dans ses pensées. Je restai moi aussi silencieuse, repensant à tout ce qu'il m'avait dit et mémorisant chaque mot comme le plus beau des trésors. Une chose pourtant me turlupinait. Pourquoi cette maison qui était plus un petit manoir qu'une villa s'appelait-elle la Villa des pierres suspendues ? Était-ce dû à sa proximité du site de Stonehenge. Cette question je me devais de la poser à John, mais j'attendrais, le moment n'était pas encore venu. Je me sentais soudain tellement lasse que je finis par fermer les yeux et sans m'en rendre compte je m'endormis enfin libérée de l'énorme poids d'avoir dit à John mon secret. Notre amour pourrait maintenant se vivre dans le bonheur d'un avenir à deux.

Chapitre 11

L'été se terminait et emportait avec lui son flot de touristes. Les pierres allaient retrouver un peu de sérénité et ce détail n'était pas pour me déplaire. Pour protéger le site, un grillage allait être apposé et je voulais pouvoir l'approcher avant que les travaux ne commencent. Les milliers de pas, qui foulaient ce sol, les milliers de mains, qui se posaient sur ces pierres âgées de milliers d'années, petit à petit, détruisaient Stonehenge, ce monument inscrit sur la liste du patrimoine mondial de l'UNESCO.

D'ici à quelques semaines, je soufflerai la première bougie de mon arrivée à Amesbury. Tant de choses avaient changé et j'avais enfin trouvé le bonheur. J'avais l'impression d'avoir retrouvé ma maison, celle que j'avais cherchée toute ma vie et le plus important l'amour. John était celui qui m'était destiné depuis toujours. Nous ne nous connaissions pas depuis un an, mais depuis toujours, depuis la nuit des temps. À cette évocation, je ressentis au plus profond de mon cœur cette force d'amour qui m'indiquait que je ne me trompais pas.

Ce don, qui m'avait été donné alors que je me sentais perdue, anéantie, m'avait conduit jusqu'ici donnant ainsi un sens à ma vie. Pour moi, lorsque le corps mourrait, l'âme survivait et il en était ainsi depuis la nuit des temps. Il était donc écrit que je devais passer par toutes les épreuves par lesquelles j'étais passée. Puisque tout cela était déjà écrit, j'étais décidée à ne plus penser au passé et à ne plus m'inquiéter de l'avenir. Je vivais au jour le jour, profitant de chaque instant comme s'il devait être le dernier. Et suite à toutes mes lectures, j'appris que cette façon de penser, d'être s'appelait « vivre dans l'instant présent » et il est vrai que je me sentis, de ce fait, libérée d'un énorme poids.

Pour toutes ces croyances, qui pourtant avaient conduit de nombreuses femmes sur le bûcher, il y a de cela quelques siècles, l'humanité avait fait de nombreux progrès. Une nouvelle ère était née et j'espérais du plus profond de mon cœur que cette ouverture d'esprit permettrait à notre planète de connaitre enfin la paix. Ma plus profonde conviction était que nous étions là simplement pour nous réaliser et faire grandir notre âme.

Toutes ces pensées que je venais d'énoncer, je ne pouvais guère aller les crier sous tous les toits. Nous n'étions pas tous rendus au même degré d'élévation. Il n'y avait que John qui était au courant de tout cela. Et quel bonheur de pouvoir enfin en parler en toute sécurité à une personne qui avait l'esprit assez ouvert pour le comprendre sans le juger.

Perdue dans mes pensées, je sentis Bill venir se frotter contre mes jambes. Ce chenapan passait ses journées à dormir, à manger et à découvrir cette immense maison. Il avait toujours gardé sa fameuse tendance à se faufiler dans les pièces et chaque soir, je passais un temps fou à aller vérifier si John et moi ne l'avions pas enfermé par mégarde quelque part.

Pour le moment, les miaulements de cette boule de poils m'indiquaient qu'il avait grand faim. Je me dirigeai donc vers la cuisine pour servir, à cet affamé, un bol de croquettes. John qui était parti chercher le courrier arriva sur cette entrefaite. Il semblait de mauvaise humeur. Je le compris tout de suite à son air maussade et sa façon de claquer la porte d'entrée. Je me dépêchai aussitôt d'aller le rejoindre dans le bureau.

— John ? Que se passe-t-il ? demandai-je la voix emplie d'inquiétude.

Il se retourna vers moi et me tendit le journal et jeta le courrier sur son bureau. Quelques lettres tombèrent à terre.

— Lis ! Tu verras ! Tout est dans ce journal !

Je m'assis sur l'accoudoir d'un des fauteuils et ouvris le journal.

— Page 12 si tu veux tout savoir. Le professeur

Edward Jack Vince va publier ses travaux sur l'énergie libre !

— Quoi ? m'écriai-je aussitôt. Ce n'est pas possible !

Mon ex-mari allait de nouveau faire parler de lui. Rien que d'évoquer son nom, j'eus la chair de poule. Cet homme qui n'avait jamais su se faire une tasse de café allait publier ses travaux sur l'énergie libre. Cet homme, qui m'avait volé mes travaux quelque vingt ans plus tôt, allait de nouveau obtenir la consécration.

Je me dépêchai de lire l'article et constatai en effet que E.J Vince allait donner une conférence dans un mois sur ses travaux concernant l'énergie libre. Une photo, sa photo illustrait l'article. Quelques cheveux blancs, quelques rides supplémentaires, il n'avait pas beaucoup changé. Ce sourire suffisant, le même qu'il arborait du temps de notre mariage était toujours le même. Je ne ressentais que dégoût pour cet homme qui avait détruit ma carrière, ma vie de femme. De rage, je jetai le journal sur le sol.

John vint aussitôt près de moi et posa sa main sur mon épaule.

— Il faut croire que nous sommes nés pour être des perdants, Alice, me dit simplement John pour tenter d'alléger le choc de cette nouvelle.

Je posai ma main sur la sienne.

— Ne dis pas ça John, ce n'est pas vrai. Nous avons travaillé dur pendant des mois. Ce n'est pas possible. Je ressens au plus profond de moi un malaise. Pourquoi Vince annonce-t-il sa découverte alors que nous étions nous même prêts à le faire ?

— Pure coïncidence, je pense.

— Non. Je ne crois pas. Il y a autre chose, mais quoi ?

— Tu te fais des idées Alice. Bon nombre de chercheurs travaillent dans le plus grand secret. Le C.R.E.D.S a les moyens de financer un tel projet, conclut John pour me rassurer.

Je soupirai et me baissai pour ramasser le courrier qui avait glissé sur le sol lorsque John l'avait jeté sur son bureau. Je reconnus, sur une des lettres, l'écriture de mon amie Lisa. Je l'ouvris. Lisa me racontait sa vie à Londres. Elle vivait toujours dans le même appartement que lorsque j'avais quitté Londres. Pauvre Lisa, avec tous ses évènements, je l'avais presque oubliée. Il fallait que je remédie à tout cela, mais pour le moment, j'avais d'autres soucis. Je me promis de lui répondre rapidement.

Il y avait une autre lettre et cette écriture-là, je ne la connaissais pas. De toute façon, elle était adressée à John. Je la lui tendis aussitôt.

— Il y a une lettre pour toi, lui dis-je simplement.

John attrapa l'enveloppe et la retourna plusieurs fois.

— Je ne connais pas cette écriture, me dit-il simplement.

— Et bien, qu'attends-tu pour l'ouvrir ? Le seul moyen de savoir est de la lire mon chéri, répondis-je tout de go.

John ne fut pas long à extraire le simple feuillet que contenait l'enveloppe. Il le lut rapidement et me le tendit.

— Tu peux lire. Je n'ai pas de secrets. Cette personne a travaillé ici quelque temps pour les corvées ménagères et elle a eu un petit accident. Une chute d'un escabeau. Elle désire récupérer quelques affaires oubliées.

— Je te crois John et nul besoin de me faire lire cette lettre. J'ai rangé les affaires de cette dame dans un carton à la cave. Tu peux lui répondre qu'elle peut venir les chercher quand elle veut. Je crois que je vais aller préparer du thé. En veux-tu ?

— Oui. Merci Alice. Cette dame indique qu'elle aimerait passer les prendre en fin de semaine, me répondit simplement John.

Pour le moment, la venue de cette dame m'importait peu. L'article du journal, seul, retenait toute mon attention. Je réprimai mes larmes en me dirigeant vers la cuisine. Je savais que la nouvelle du journal avait anéanti John. J'étais habituée à ce que la vie me joue de ces tours, mais pas John. J'avais mon don et lui n'avait que moi. Et tandis que je remplissais la bouilloire au robinet de l'évier, je repensai à toutes années où j'avais vécu dans la peur. Toutes ces années où je m'étais sentie si petite, si insignifiante. Mais tout cela, cela en était fini ! Je venais de reprendre le contrôle et cet Edward Jack Vince ne me faisait plus peur. Ce manipulateur serait découvert même si je devais y passer le reste de ma vie. Je calmai la colère qui grondait en moi pour permettre à ma petite voix de s'exprimer. La réponse fut instantanée. Nous devions John et moi continuer nos travaux et ne pas nous occuper plus en avant de l'article du journal. À cet instant, je ressentis une immense paix m'envahir. Et c'est avec le cœur plus léger que je terminai de préparer le thé. Je ne pouvais laisser John seul plus longtemps. Nous nous en sortirions. De cela, au moins, je voulais m'en convaincre.

Tandis que j'apportai le thé dans le salon, je remarquai que la porte de la cave était restée ouverte. J'appelai John, mais aucune réponse. Je me dépêchai de déposer mon plateau sur la table basse et me dirigeai vers la cave. La lampe dans l'escalier était allumée.

— John ? Tu es en bas ? appelai-je.

Aucune réponse. Peut-être ne pouvait-il pas m'entendre. Je descendis doucement les marches, tous mes sens en alerte. Nous avions une consigne, John et moi, celle de ne jamais laisser cette porte ouverte. À peine, eu-je atteint la dernière marche que la porte de la cache secrète s'ouvrit. Et lorsque je vis John en sortir, mon cœur fit un bond dans ma poitrine.

— Je sais, je sais, me dit-il simplement.

Et devant mon visage interrogateur, de me dire :

— Il fallait que je vérifie si tous les documents

étaient toujours là.

Je n'eus pas le temps de répondre que Bill en profita pour descendre les escaliers afin d'aller se faufiler dans les méandres de l'immense cave. Ce n'était vraiment pas le moment. Nous ne pouvions le laisser déambuler dans le sous-sol sans avoir la crainte qu'il ne se blesse.

John me demanda de rester là et de continuer à l'appeler tandis qu'il allait chercher des lampes torches. Mais mon cher Bill était à cet instant le plus heureux des chats, il avait réussi à avoir accès à un endroit dont je lui avais toujours défendu l'entrée. Et en bon chat qu'il était, il répondait à son nom lorsque je l'appelai, mais restait invisible.

John ne tarda pas à revenir et enfin nous pûmes commencer nos recherches. Cette cave recelait de trésors qui auraient fait le bonheur des antiquaires de la région. Si l'instant n'avait été si grave, je me serais fait un plaisir d'y regarder d'un peu plus près. Je ne pouvais laisser mon chat errer dans cet endroit, qui à mesure que nous avancions, devenait de plus en plus humide. Nous arrivâmes rapidement devant un mur qui nous sembla moins ancien que la pierre qui avait servi à construire le reste de la maison. Des caisses étaient entreposées là et en dirigeant le faisceau de ma lampe vers le plafond, je trouvai enfin mon Bill tranquillement installé tout en haut d'une pile et occupé à sa toilette.

John approcha une caisse, m'aida à y grimper et j'attrapai tranquillement mon Bill qui soudain fut soulagé de retrouver sa maîtresse.

Et tandis que je le grondai, mon chat de ronronner afin de me remercier de l'avoir sauvé d'une telle aventure. Nous fîmes le chemin inverse et regagnâmes le salon après que John eut fermé à clé la porte qui menait vers le sous-sol. Un brin de toilette plus tard, nous nous installâmes pour prendre le thé. Depuis notre expédition dans les sous-sols, John n'avait dit mot. Je posai ma main sur la sienne.

— Que se passe-t-il John ? demandai-je d'une voix basse.

— Rien, rien, me répondit-il simplement sur le même ton.

— Je te sens ennuyé par quelque chose. Dis-moi ce que c'est ? insistai-je.

John attendit quelques secondes puis me regarda.

— Tu vas me prendre pour un fou, mais j'ai l'impression que mes documents ont été touchés.

— Touchés ! Mais par qui ? Personne n'a accès à cette pièce à part toi et moi ! rétorquai-je en élevant le ton tant ma surprise était grande.

— Ils n'étaient plus classés comme j'ai l'habitude de le faire, me répondit-il simplement.

— Peut-être occupé comme tu l'étais avec les essais de la machine à énergie libre, n'as-tu pas fait ce classement dans le même ordre ? Et qui aurait eu accès à cette pièce ? Il n'y a qu'une seule entrée, qu'une seule porte qui mène à la cave et qu'une seule clé. Et cette dernière est dans ta poche mon ami. Alors, cesse de t'inquiéter pour ces documents remis par erreur dans le mauvais ordre.

— Oh tu as sûrement raison ma douce Alice. J'ai l'impression ces temps-ci de perdre la tête. Je ne retrouve jamais les choses à la place que je pensais les avoir mises.

— Si cela peut te rassurer, je peux te dire que tu n'es pas seul dans ce cas. Je suis exactement comme toi. Pas plus tard qu'hier, je ne trouvais plus certaines photos que j'avais prises du site de Stonehenge. Et puis comme par hasard, je les trouve sans difficulté ce matin. Je pense, tout simplement, que nous travaillons trop tous les deux.

Suite à cela, John retrouva quelque peu le sourire, mais je savais qu'au fond de lui-même, il était inquiet. Je l'étais aussi, mais pour rien au monde je ne le lui aurais dit. Je connaissais assez bien l'homme que j'aimais et que jamais il n'aurait classé ses documents dans un ordre autre que celui qu'il avait l'habitude d'utiliser. Nous n'avions aucune preuve et puis il était impossible à quiconque de pénétrer dans cette maison sans que nous nous en apercevions.

Nous avions un nouveau mystère à éclaircir si mystère il y avait réellement.

Chapitre 12

La venue de l'ancienne employée de John nous empêcha de nous mettre de bonne heure au travail ce matin-là. Je ne connaissais rien d'elle à part que sans son accident, je n'aurais jamais été embauchée à la Villa des pierres suspendues. Et sans la maladie de la tante de madame Smith, ni elle ni moi n'aurions jamais mis les pieds à Amesbury. Comme quoi notre destin tenait à peu de choses et qu'un simple détail pouvait changer le cours de plusieurs vies.

Sarah Crowley n'était restée qu'un mois au service de John et avait été formée par madame Smith. Par chance, lorsque l'accident était arrivé, madame Smith était présente à la villa. Cette dernière avait aussitôt prévenu les secours.

Le choc avait été violent. La jeune femme, seulement âgée d'une vingtaine d'années, avait été hospitalisée pour un traumatisme crânien et une fracture du bassin. Un simple accident domestique qui aurait pu avoir des conséquences dramatiques. Heureusement, la jeune femme était de bonne constitution bien que toujours en convalescence.

Il était onze heures et quart lorsque la cloche, du portail de l'entrée, tinta. D'un commun accord avec John, il avait été décidé que ce serait moi qui irais ouvrir à Sarah Crowley. Avant de sortir, je m'assurai d'un simple coup d'œil que le carton, avec les effets de la jeune femme, se trouvait bien dans le hall d'entrée. La veille au soir, je l'avais monté de la cave. La jeune femme n'aurait sûrement pas envie de s'attarder à la villa, trop de souvenirs douloureux à oublier.

Mais quelle ne fut pas ma surprise, lorsque j'ouvris le portail, de découvrir une jeune femme souriante dont le regard bleu lumineux dégageait une vive intelligence.

— Bonjour, je suis Sarah Crowley, me dit-elle tout en me tendant sa main droite à serrer tandis que de sa main gauche elle tenait sa béquille.

— Alice Simons, gouvernante et assistante du professeur Porter.

Tandis que je lui serrai la main, je remarquai le jeune homme qui l'attendait dans la voiture.

— Votre ami ne veut pas descendre ?

— Greg préfère m'attendre. Il n'est pas très à l'aise en société et puis j'en ai que pour quelques minutes.

— Oui, tout à fait. Je vais aller prendre votre carton et vous l'amener, lui répondis-je.

Alors que j'allais m'en retourner vers la villa, elle m'attrapa le bras.

— Est-ce que le professeur est là ?

— Oui, lui répondis-je, surprise.

— Et madame Smith ?

— Madame Smith ne travaille plus là, répondis-je simplement.

À cette annonce, la jeune femme se détendit et m'adressa un faible sourire.

— J'aimerais dire quelques mots au professeur Porter, si cela était possible ?

— Bien sûr, entrons ! Le professeur sera ravi de vous voir. Il se sent, en quelque sorte, responsable de ce qui vous est arrivé, lui indiquai-je.

Sarah s'arrêta net et m'attrapa le bras.

— Oh ! Non, le professeur a toujours été la gentillesse même, me répondit-elle tout de go. J'avais peur que madame Smith ne soit toujours là et disons que je n'en garde pas un très bon souvenir. Oh pardon, je ne devrais peut-être pas vous dire cela. C'est peut-être une amie à vous ?

— Oh que non !

Et nous éclatâmes de rire. Pas besoin d'en dire plus. Nous nous étions comprises.

— Je ne devrais peut-être pas trop rire parce que

quelque part, j'ai eu de la chance. J'aurais pu rester handicapé à vie, me confia soudainement Sarah.

— Oui je comprends, répondis-je simplement. Mais rentrons, si vous le voulez bien. Il sera plus facile de converser devant une petite tasse de thé.

La jeune femme acquiesça et nous pénétrâmes dans la villa. Sachant que le salon nous servait, à John et à moi, de bureau, je lui indiquai tout naturellement la cuisine d'un geste de la main. John nous y rejoignit aussitôt. Et une fois notre tasse de thé prise et les politesses d'usage faites, la conversation prit tout naturellement la direction du pourquoi et du comment de l'accident de Sarah.

— Madame Smith m'avait demandé de faire les poussières. Elle était tout le temps en train de me dire, faites ceci, faites cela. Et pendant que je faisais les corvées demandées, elle passait son temps à fureter dans la maison, euh pardon villa, à ouvrir tous les placards. Un jour, je lui en ai fait la réflexion et cette dernière de me répondre, que c'était son travail de gouvernante de veiller que tout soit en ordre. Pourtant, une chose m'a semblé bizarre, cette femme avait un énorme trousseau de clés. Je ne sais pas à quoi il lui servait, mais je pouvais entendre le cliquetis de ces clés dans toutes les pièces par lesquelles elle passait.

À cette information, John et moi eûmes le même réflexe, celui de nous regarder. Je sus à cet instant que nous avions pensé tous les deux à la même chose : mais que cherchait-elle ? Et où avait-elle pu se procurer ce trousseau de clés ?

— Un jour que j'avais terminé les poussières et que madame Smith était occupée à la cave, j'entrepris seule, sans lui demander son avis, de nettoyer le grand lustre du couloir. La poussière s'était accumulée sur les facettes en cristal et un si beau lustre méritait qu'on y porte plus d'attention. J'appelai plusieurs fois madame Smith par la porte de la cave, mais je n'eus aucune réponse. Je pris donc sur moi d'aller chercher l'escabeau qui se trouvait dans le placard près de la cuisine et l'installai, sous le grand lustre, afin de faire briller chacune des larmes de ce verre si précieux. Alors que j'en étais à un tiers de mon travail de nettoyage, soudain, la lumière s'éteignit et je me retrouvai dans l'obscurité. À peine le temps de me demander ce qu'il se passait et je sentis l'escabeau, sur lequel j'étais perchée, bouger fortement puis basculer. La suite vous la connaissez…

— Êtes-vous en train de nous dire que ce n'était pas un accident ? demanda aussitôt John.

— Oui. C'est cela. J'en suis certaine ! Depuis mon accident, je me repasse les évènements un à un dans ma tête et je sais que je ne suis pas tombée à cause de ma maladresse. J'ai bien senti une force extérieure pousser l'escabeau afin que je tombe.

— Nous sommes désolés Sarah de vous faire revivre tout cela, mais sachez que nous vous croyons, ajoutai-je.

— Je n'ai pas de preuves, c'est vrai, mais qui a pu pousser l'escabeau si ce n'est madame Smith. Il n'y avait que nous deux dans la maison ! Cette femme me faisait peur et elle n'a absolument rien d'une gouvernante. Je suis désolée de vous dire cela professeur, mais je n'avais jamais vu une maison aussi mal tenue avant que je ne vienne travailler pour vous.

Je n'étais pas surprise par ce que venait de nous apprendre Sarah Crowley. Madame Smith n'avait jamais rien fait pour la villa. Pourtant, elle avait bel et bien été la gouvernante de John pendant plus de vingt ans.

Je proposai une seconde tasse de thé à la jeune femme. Cette dernière déclina l'offre d'un sourire et nous fit savoir qu'elle n'avait que trop tardé. Son fiancé devait commencer à s'inquiéter.

— Repasser quand vous voulez, vous serez toujours la bienvenue ici Sarah, lui fis-je savoir tandis que John lui tendait un chèque.

— Je vous remercie, mais je ne crois pas que cela sera avant un tout petit moment. Andrew et moi comptons nous marier bientôt et il y a tant à préparer, me confia-t-elle.

Puis s'adressant à John :

— Pourquoi ce chèque professeur ? Vous ne me devez rien. Vous m'avez déjà fait parvenir le montant de mes heures de ménage, s'étonna-t-elle.

— Acceptez-le comme une compensation pour tous les désagréments que vous avez subis ici et puis je crois avoir entendu que vous alliez vous marier. Recevez cet argent comme un cadeau de mariage de notre part, à Alice et à moi, lui répondit John avec un grand sourire.

— Merci, merci beaucoup à vous deux. Cet argent ne sera pas de trop, il est vrai. Je dois y aller maintenant.

— Je vous accompagne jusqu'à votre voiture. Ne vous inquiétez pas du petit carton, je vais le porter, lui indiquai-je.

Elle me remercia d'un signe de tête.

Quelques minutes plus tard, alors que Sarah et son fiancé quittaient les abords de la villa à bord de leur véhicule, une pluie fine se mit à tomber. Je me dépêchai de rejoindre John qui était resté à l'intérieur.

Il avait débarrassé la table de la cuisine et je me dirigeai tout naturellement vers le bureau où il m'attendait.

— Elle est partie ? me demanda-t-il pour s'assurer que nous étions bien seuls.

— Oui. C'est vraiment une gentille personne. Tu ne trouves pas ?

— Tout à fait, mais je ne la connaissais pas. J'ai dû la voir une ou deux fois. C'était madame Smith qui l'avait embauchée. Tu sais que je ne m'occupe guère des affaires domestiques. Mais quand même, cette histoire de chute me laisse perplexe !

— Je t'avoue que moi aussi. Et je ne mets pas une seule seconde en doute ce que Sarah nous a dit. Je crois réellement que cet accident n'en est pas un, mais nous ne pouvons accuser madame Smith d'en être l'auteure ! Nous n'avons aucune preuve !

Je sentais que John était inquiet. Je lui tendis la main afin de le rassurer. Il la saisit et doucement m'attira à lui. Nous nous enlaçâmes et je posai ma tête sur son épaule. Une pensée me vint à cet instant : heureusement que nous nous étions trouvés l'un l'autre. Puis je souris.

John sentit ce relâchement, il me demanda aussitôt :

— Un baiser pour tes pensées mon amour.

Je pris alors son visage entre mes mains et lui dit, les yeux dans les yeux :

— Je me dis simplement quel bonheur cela est de t'avoir dans ma vie mon amour.

John me sourit alors et déposa un baiser sur mes lèvres.

— Sache que ce bonheur est réciproque mon Alice. Tu es arrivée à point nommé dans ma vie et pour cela et tout le reste, je te dis merci.

— Il n'y a pas de hasard mon John puisque le hasard n'existe pas. Nous nous connaissons depuis toujours. Nous nous connaissons depuis la nuit des temps.

— Bien dit mon amour, et il scella sa réponse par un nouveau baiser.

— Cette histoire de clés ne te semble pas bizarre ? réussis-je à dire entre deux baisers.

Cette évocation l'arrêta net dans son élan de

m'embrasser à nouveau.

— Je ne comprends pas du tout ce que Sarah Crowley a voulu dire par trousseau de clés. Normalement, elle n'aurait dû avoir en sa possession que trois clés. Celle du portail d'entrée, et les deux autres pour les portes de l'avant et de l'arrière de la villa.

— Madame Smith est une femme très habile pour tromper son monde. Je suis désolée de te dire ça John, mais cette femme a joué de ta faiblesse depuis des années. Ce que je veux dire c'est qu'elle a profité de ton état suite à l'arrêt obligé de tes travaux sur l'énergie libre. Sa mère et la mère de sa mère avaient, je pense, cette même façon de faire. Pour ce genre de personnes, il n'y a qu'un seul qualificatif : manipulation.

— Que pouvons-nous faire pour prouver que tous ces vols ont été commis ? me demanda John.

— Rien pour l'instant. Nous avons changé les serrures. Elle n'a donc plus d'accès à la maison. Et si elle a fait faire un double des clés, ce sera peine perdue pour elle, répondis-je d'un ton qui se voulait convainquant.

Pourtant au fond de moi, je ne l'étais pas. Ce que nous avions appris de Sarah Crowley me confortait dans l'idée que madame Smith n'était pas simplement une voleuse, mais aussi une femme dangereuse. À cet instant, ma petite voix intérieure me fit comprendre que je n'étais pas loin d'une certaine vérité.

Notre esprit, à John et à moi, avait, avec tous

ces évènements, matière à une certaine réflexion. Nous savions maintenant que notre avenir dépendrait du comment nous allions gérer les situations qui se profileraient dans un avenir proche. John devait à tout prix terminer sa machine à énergie libre et je devrais faire tout mon possible afin qu'il y parvienne. Mes travaux sur les différentes dimensions et mon saisissant attrait pour Stonehenge attendraient.

Ce soir-là, nous vérifiâmes chaque fenêtre, chaque porte de la villa.

Chapitre 13

Depuis que nous avions appris que mon ex-mari allait dans quelques semaines publier ses travaux sur l'énergie libre, John travaillait pratiquement jour et nuit sur son invention. Il fallait qu'à tout prix, son travail soit révélé au monde scientifique avant celui de E.J Vince. John avait une revanche à prendre.

Dès que j'étais arrivée à la villa, une chose importante s'était, un matin, révélée à moi. J'avais changé. En effet, ce fut comme une illumination. Je n'accordais plus la même importance à ma vie passée. Ce qui comptait et qui me rendait heureuse, c'était d'être là, d'être avec John. Ma vie avait pris une direction des plus surprenantes. Je sus, à cet instant, que ma venue, ici, en ces lieux, n'avait pour but que d'aider l'homme que j'aimais à mettre au grand jour sa machine pour l'énergie libre. Et pour cela, le grand architecte avait conçu cet immense plan. Il m'avait donné la possibilité de me rendre jusqu'ici. Et l'unique raison était de rendre possible ce qui n'avait pu l'être auparavant. À cet instant de découverte, je ressentis une forte émotion. Ma voix intérieure m'indiquait que je ne me trompais point. Il n'y avait assurément pas de hasard. Le chemin, que j'avais parcouru, était celui qui avait été écrit. Tout devenait clair à présent.

Tandis que John s'occupait des dernières mises au point de sa machine, il me prit la folle envie d'aller faire un petit tour dans la pièce de la villa où les affaires et documents de la famille avaient été entreposés. Je savais où John cachait la clé. Une clé si spéciale qu'il était difficile d'en faire un double et par chance, madame Smith n'avait jamais réussi à mettre la main dessus.

Je vérifiai que toutes les portes et fenêtres étaient fermées à clé et je montai à l'une des tours de la villa. John en avait encore pour quelques heures au sous-sol et il ne s'inquièterait donc pas de mon absence.

La clé que j'avais en main était une clé ancienne qui ne pouvait ouvrir qu'une seule serrure. La serrure même qui avait été conçue pour cette clé. Je ne savais ce que j'allais découvrir derrière cette immense porte de bois. John m'avait fait savoir lors de l'une de nos discussions au sujet de cette pièce qu'il n'y était pas allé depuis des années.

Je tremblai légèrement en enfonçant la clé dans la serrure et je sentis une légère résistance lorsque j'essayai de l'actionner. Doucement, je fis jouer la clé et la serrure céda enfin.

Une quasi-obscurité régnait dans la pièce et je m'empressai d'aller ouvrir les grands rideaux qui habillaient les fenêtres. Aussitôt, je vis la poussière descendre dans la lumière du soleil qui inondait maintenant cet endroit oublié depuis longtemps et j'éternuai plusieurs fois. Les araignées avaient fait de cette place leur demeure vu le nombre de toiles qui s'étiraient. Pour mon plus grand bonheur, des malles, des caisses en bois, des valises dont le cuir était craquelé, des boîtes à chapeaux furent révélées à ma vue. Tout cela était entreposé tout autour de la pièce.

Je ne savais pas ce que je cherchais, mais quelque chose en moi me disait que je devais découvrir ce que tout cet amas de souvenirs contenait. Je commençai par ouvrir les boîtes de petite taille.

Toute la correspondance de la famille de John s'étalait ainsi devant moi. Des cartes de toutes sortes, des lettres, des photos. Je mis tout cela de côté, j'aurais tout le loisir durant l'hiver d'y revenir. Au bout d'une demi-heure de recherche, je tombai sur un coffret qui contenait un épais journal relié dont la couverture était habillée de cuir rouge. Était-ce celui de la grand-mère de John ? Je me dépêchai de l'ouvrir et ô ma joie de découvrir une écriture féminine qui avait empli ces centaines de pages d'une vie. Je ressentis une vive émotion. Je me hâtai de remettre tout ce que j'avais dérangé ou déplacé en place. Je refermai les rideaux et le livre sous le bras, je quittai les lieux en ayant au préalable pris soin de fermer la porte à clé. Il me tardait de tout savoir sur cette femme qui semblait, d'après les souvenirs de John, elle aussi posséder un don de médiumnité.

Je m'installai dans la cuisine, pris le temps de me préparer une tasse de thé et commençai à lire. Bill quant à lui était endormi dans son panier. Sa petite escapade dans la cave semblait l'avoir calmé pour un bon moment. Bientôt dans la cuisine, on ne put entendre que le tic-tac de l'horloge et le bruit que faisaient les pages lorsque je les tournais.

Marianne Porter était l'auteure de ce journal. Elle avait commencé à l'écrire alors qu'elle venait d'emménager à la Villa des pierres suspendues. Dès les premières pages, elle racontait combien elle s'était sentie attirée par cette maison comme si cette dernière l'avait attendue depuis toujours. La jeune mariée, toute timide, si effacée qu'elle fût, trouva soudain confiance et bien-être. Une métamorphose qui n'échappa pas à son entourage. Un éclat brillait dans les yeux de la jeune femme comme si soudainement elle avait eu accès à quelques secrets. De cette jeune femme dont la beauté irradiait tous ceux qui l'approchaient, bientôt jalousie et mesquinerie apparurent dans ses relations amicales.

Cette lecture était palpitante. Je ne lisais plus. Je dévorais littéralement les pages. Je découvris ainsi combien cette femme se sentait seule. Je passai plusieurs pages, promettant d'y revenir plus tard. Je distinguai un passage où il était question d'une salle mystérieuse dans lequel l'espace-temps n'existait pas. Cet endroit se situait dans cette villa avec un accès à des portes menant dans le passé comme dans l'avenir.

Je tournai rapidement les pages afin de savoir de quoi Marianne Porter voulait parler exactement. Un mur revenait souvent dans son récit. Je ne comprenais pas de quel mur il s'agissait et de plus ce mur avait une pierre spéciale et que lorsqu'elle posait sa main dessus, elle entrait dans un monde merveilleux. Un monde de lumière, un monde où tout était amour et beauté.

John m'avait quelque peu parlé de l'excentricité de sa grand-mère et de son don et je ne savais, à cet instant de ma lecture, si cette dame avait toute sa tête. Tout à coup, je ressentis un malaise grandir en moi, le même dont j'avais souffert quelques jours plus tôt. Ma tête semblait happée par un grand tournoiement et je sentis à nouveau mon corps se dédoubler. Moi assise devant ce livre et un autre moi qui me dirigeais vers la cave. Je ne sentais pas mes pas se poser sur les marches de l'escalier, ils glissaient avec une facilité pour me conduire vers un mur où étaient entassées des caisses du sol au plafond.

Soudain, John ouvrit la porte de la cache dans laquelle il travaillait depuis un bon moment et je sentis aussitôt mon double réintégrer mon corps à toute vitesse. À l'instant même, où je ne fus plus qu'une, je m'écroulai sans connaissance sur le sol de la cuisine. C'est ainsi que John me découvrit lorsqu'il entra dans la pièce. Je ne sus combien de temps, je restai sans connaissance, mais lorsque j'ouvris à nouveau les yeux, j'étais étendue sur le canapé du bureau. John était assis près de moi et me tenait la main.

— Enfin, tu reprends connaissance mon Alice, furent les premiers mots que j'entendis de John, en ouvrant les yeux.

Je me sentais extrêmement fatiguée et une certaine lourdeur dans mes idées m'empêchait d'avoir l'esprit clair. Pour rassurer John, je serrai un peu plus fortement sa main. Que s'était-il passé ? Comment cela avait-il pu arriver ? Je ne le savais, mais une chose était certaine, cela m'était bien arrivé.

Pendant que John était parti me chercher un verre d'eau à la cuisine, j'essayai d'y voir un peu plus clair. Une partie de moi était descendue à la cave et avait observé un pan de mur. D'abord, le premier malaise avec un énorme tourbillon, puis un second, avec mon corps qui se dédouble et va à la cave. Je repensai aussitôt au livre que je venais de découvrir. Sa lecture était-elle responsable de mon état ? Il fallait que je pose plus de questions à John sur son aïeule. Justement, il revenait avec un verre d'eau. Je pris le temps de boire quelques gorgées en espérant que les effets de mon malaise s'estompent rapidement.

— John ?

— Oui, me répondit-il aussitôt.

— Peux-tu me parler de Marianne, ta grand-mère ?

— Tu ne crois pas que cela peut attendre un petit peu, s'agaça-t-il en me regardant droit dans les yeux.

— John, je t'en prie, c'est très important pour moi. Je lisais son journal lorsque mon malaise est apparu et…

— Quel journal ? coupa-t-il.

— Je l'ai trouvé dans les affaires qui sont entassées dans la tour, expliquai-je.

— Je ne t'ai pas tout dit sur cette aïeule. Elle a terminé ses jours dans un hôpital psychiatrique et je crois que ce journal que tu as trouvé n'est qu'inepties d'une femme qui n'avait plus vraiment toute sa tête.

— Comment peux-tu dire cela John ? Je crois que c'était une femme, qui au départ, était très heureuse. Il s'est passé quelque chose. Elle a quand même été internée !

— J'étais très jeune à l'époque. Je ne me souviens guère de la femme qu'elle a été. Mes parents ne m'en parlaient jamais. Au fil des années, il ne m'est resté que son prénom « Marianne » comme si elle n'avait jamais réellement existé, termina-t-il.

— Oh, comme c'est triste. Pauvre femme, comme elle a dû souffrir ! Sais-tu au moins comment ce don de médiumnité est apparu chez elle ? ne pus-je m'empêcher de demander.

— Je crois qu'elle avait fait une chute de cheval. On l'avait crue morte un instant et puis il est apparu qu'elle n'était qu'assommée par le choc, m'expliqua-t-il.

— Crue morte ? Elle a dû faire une NDE !

— Une NDE ? Qu'est-ce ?

— Near Death Experience, pour faire simple, une expérience de mort imminente. Je pense que c'est à partir de ce moment qu'elle est apparue différente. Oui, mais elle devait avoir une prédisposition à cela ! Oui, elle en parle dans son journal. Elle dit qu'elle s'est sentie attirée par la villa !!

— Tu m'inquiètes Alice, me coupa John. Je ne comprends rien à ce que tu me racontes !

— Je n'ai pas tout lu son journal encore, mais tu devrais le lire toi aussi. Elle parle de dimensions, de l'existence d'un seul instant, la possibilité d'aller dans l'avenir comme dans le passé... Et puis il y a ce mur...

— Un mur ? Quel mur ? Je ne vois pas ce dont tu veux me parler. Es-tu sûre de ce que tu me dis ?

John commençait sérieusement à s'inquiéter. Je pouvais le voir à sa façon de me regarder.

— Tout est dans le livre. Je l'ai laissé dans la cuisine. J'étais en train de lire certains passages lorsque soudain j'ai eu l'impression de me dédoubler. Une partie de moi est restée là et l'autre est descendu au sous-sol et s'est dirigé vers l'endroit où sont entreposées toutes les caisses comme si je devais comprendre que derrière toutes ces choses, il y avait un passage. Tu dois me croire John ! Je ne suis pas folle, m'écriai-je en lui agrippant le bras.

— Je sais que tu n'es pas folle Alice, me répondit

John en me tapotant la main. Je me rends compte simplement que cette maison a quelque chose qui demeure au-delà de notre compréhension actuelle.

— C'est tout à fait ça John ! Ce n'est pas cette maison qui nous appartient, mais c'est nous qui appartenons à cette maison !

— Qu'est-ce qui te fait dire cela ?

— Pour le moment, je n'ai pas de réponse concrète à te donner, simplement des ressentis. Je dois trouver ce mur, je crois qu'il nous donnera les réponses.

— Je veux d'abord que tu te reposes Alice. Tu sais le choc que j'ai reçu en te trouvant étendue sur le sol de la cuisine. Je t'ai crue morte !

— Oh, mon John, mon amour, je suis désolée de te causer autant de soucis. Tout tourne autour de moi et toi mon aimé, qu'avais-tu à me dire pour être remonté de la cave plus tôt que d'habitude ? demandai-je tout en lui caressant le visage de la main.

— Oh rien de bien important ! Je voulais juste te dire que la machine fonctionne, me répondit-il avec son plus beau sourire.

— Rien de bien important mon ami ! Mais que dis-tu là ? C'est une nouvelle extraordinaire ! Je te félicite John ! Quel bonheur ! Ça y est ! Tu as réussi, explosai-je de joie.

— Pas si vite Alice, il va falloir que je dépose des brevets pour protéger notre invention et surtout que je la sorte d'ici et la mette en sécurité ailleurs.

— Ce n'est pas notre invention, mais ton invention mon amour ! N'est-elle pas en sûreté ici, cachée dans la pièce secrète ? m'étonnai-je.

— Non, je ne crois pas. Depuis la visite de la petite Sarah Crowley, la façon de faire ou d'agir de madame Smith, mon ancienne gouvernante, et ce qui vient de t'arriver en rapport au journal de ma grand-mère, je me dis, bien que nous nous sentions en sécurité depuis que nous avons changé les serrures, que cette maison est obligatoirement remplie de passages secrets, de portes insoupçonnées. Donc pour des personnes averties, cette maison est pire qu'un moulin. La machine à énergie libre ne sera en sécurité que lorsque je l'aurai déposée dans un coffre à la banque et que j'aurai déposé les brevets de cette invention.

Avec ce que venait de m'apprendre John, je ressentis un frisson glisser dans mon dos. Il est vrai que depuis que nous avions mis madame Smith à la porte de la Villa des pierres suspendues, nous n'avions plus entendu parler d'elle, sauf par la personne qui nous livrait nos courses chaque semaine. Apparemment, madame Smith était occupée à de grands travaux de rénovation dans sa maison.

— Tu penses que l'accident de Sarah n'en était pas un ? m'écriai-je ?

— Oui.

— J'ai ce doute moi aussi. Mais pourquoi aurait-elle fait ça John ?

— Pour le moment, je ne sais pas, mais je cherche.

Je pris mon aimé par le cou et le serrai tout contre moi.

— Alors nous serons deux pour trouver une explication à tout cela mon amour, ajoutai-je tout en déposant un baiser sur ses lèvres.

Puis je me levai du canapé me trouvant tout à coup assez rétablie.

— Il faut que nous fêtions la fin de tes travaux sur la machine à énergie libre, John ! Je vais vite à la cuisine nous préparer un petit dîner en amoureux.

— Attends Alice, il y a autre chose que je voulais te dire, enfin, te demander serait le mot le plus approprié.

— Oui, demandai-je, mon esprit soudain alerté par la petite lueur qui brillait dans ses yeux.

— Oh il va falloir que tu m'aides Alice ! Je n'ai jamais fait une telle demande, à une femme, auparavant ! Et bien, voilà, je voulais savoir si tu accepterais de devenir ma femme. Nous vivons sous le même toit depuis un an et nous partageons la même chambre depuis quelques mois alors je me disais qu'il était temps que je fasse ma demande.

— John, c'est oui ! Oui ! Je veux être ta femme ! Je veux que nous vivions le restant de nos jours ensemble comme mari et femme parce que John Porter, je t'aime comme je n'ai jamais aimé un homme !

Puis je me jetai à son coup et nous nous embrassâmes pour sceller cette magnifique demande en mariage. John me passa au doigt une bague ornée d'une émeraude.

— Elle est magnifique John. Tu n'aurais pas dû dépenser autant pour moi, ne pus-je m'empêcher de lui dire.

— C'était celle de ma mère, me répondit-il simplement. Si tu ne l'aimes pas, nous pourrons en acheter une autre.

— Elle est magnifique mon amour. Je n'en veux pas d'autres. Je la garde.

J'étais émue. Je portais la bague de fiançailles de la mère de l'homme que j'aimais plus que tout. John était ému aussi.

Main dans la main, et suivis de Bill, nous nous dirigeâmes dans la cuisine pour préparer ce merveilleux dîner. Je mis de côté le journal de Marianne, qui était resté sur la table. Ce soir était réservé à notre bonheur à John et à moi. Le reste attendrait bien jusqu'à demain.

Chapitre 14

Une semaine plus tard, je m'appelais Madame John Porter. Nous avions décidé, d'un commun accord, John et moi, de nous marier à Londres. Tout d'abord pour éviter tous les blablas qui n'auraient pas manqué d'être entendus, mais aussi pour mettre la machine à énergie libre, à l'abri, dans un coffre d'une grande banque londonienne. Pour l'occasion, je portai une robe beige et des escarpins de la même couleur et John, un costume d'un beige plus soutenu avec un petit nœud papillon assorti. Deux secrétaires de la City-Hall nous servirent aimablement de témoins. Vingt minutes plus tard, nous devenions officiellement Monsieur et Madame Porter.

Dans la foulée, nous nous rendîmes chez un notaire. John ne voulait pas tarder à mettre tous ses papiers en ordre, il avait donc fait établir par le-dit notaire les documents nécessaires afin que je devienne moi aussi, de plein droit, propriétaire de la Villa des pierres suspendues et de toutes les terres attenantes. Un testament fut aussi établi. Je devenais l'unique légataire si John venait à disparaître avant moi. À cet instant, je ressentis un profond malaise. Ces documents, prévus pour parer au pire, résonnaient à mon cœur comme un bonheur qui présageait d'une fin prématurée. John tenait à ce que ces documents soient établis. Selon lui, c'était le minimum que tout homme devait faire pour protéger, la femme qu'il aimait, des désagréments d'un décès. Je ne devais donc pas m'inquiéter.

Nous devions passer ensuite à l'organisme qui s'occupe des dépôts de brevets, mais malheureusement, les bureaux étaient fermés. John décida donc d'y repasser dès qu'il aurait l'occasion de revenir sur Londres. La machine à énergie libre était en sécurité et il estima, à cet instant, que c'était le plus important. Les plans et les travaux de l'appareil resteraient donc quelque temps encore dans la cache secrète de la cave.

Pour profiter de notre journée de noces, nous déjeunâmes sur un bateau qui nous promena sur la Tamise. Ces moments, d'un pur bonheur, resteraient à jamais gravés dans ma mémoire. Je n'étais plus l'ex de J.E Vince, j'étais et demeurerais pour toujours Madame John Porter. À cet instant, ce fut comme une révélation, je sentis un poids énorme quitter mes épaules.

Après le déjeuner, nous flânâmes du côté de Picadilly Circus comme deux touristes découvrant la capitale. Nous demandâmes à des touristes de nous photographier et la meilleure de ces photos deviendrait la photo officielle de notre mariage. J'eus une pensée pour mon amie, Lisa, qui habitait non loin de là, mais je voulais que cette journée n'appartienne qu'à John et moi. Je préférais attendre et lui envoyer une lettre plus tard pour lui annoncer cette merveilleuse nouvelle comme quoi j'étais devenue Madame John Porter.

Dans la soirée, nous regagnâmes tranquillement Amesbury et notre Villa des pierres suspendues. Bill, pour notre plus grande surprise, nous accueillit avec des miaulements et des grattements contre le montant intérieur de la porte de la cave. Je ne comprenais pas, je ne comprenais plus. Comment mon Bill avait-il pu se retrouver prisonnier dans l'escalier qui menait au sous-sol ? John et moi nous regardâmes à cet instant. Nous étions, sûrs, tous les deux, d'avoir quitté un Bill installé à sa toilette sur la table de la cuisine.

— Vite John ouvre vite cette porte, m'écriai-je.

John se pressa de chercher son trousseau de clés dans la poche de son pardessus.

— Voilà, voilà, je me dépêche, répondit-il aux miaulements affolés de mon pauvre Bill tandis qu'il ouvrait enfin la porte.

Aussitôt mon chat se rua vers la cuisine, là où étaient posés ses croquettes et sa litière.

— John, dis-moi que nous ne sommes pas fous ! Nous avons bien vu, tous les deux, Bill dans la cuisine lorsque nous avons quitté la villa ce matin ? lui demandai-je d'un air inquiet.

— Oui, assurément Alice, Bill était bien dans la cuisine !

— Alors comment se fait-il que nous le retrouvions enfermé à la cave ? m'étonnai-je avec force. Il est temps que nous nous posions les bonnes questions John et j'ai peur que les réponses ne vont pas du tout nous plaire !

— Pourtant nous avons changé toutes les serrures ! Cette maison recèle encore de nombreux secrets et malheureusement je n'en connais qu'un seul : la porte secrète, celle-là même, où j'entrepose tous mes travaux. Il faut que j'aille voir si rien n'a bougé. Occupe-toi de Bill et vois s'il n'a rien de grave.

— Attends-moi, je viens avec toi ! lui répondis-je.

Il n'était pas question que je laisse John descendre seul. Je me dépêchai d'aller voir mon Bill dans la cuisine. Apparemment, il allait bien et mangeait ses croquettes. Rassurée, je me hâtai de rejoindre John. Il m'attendait comme promis et avait déjà actionné l'éclairage de la cave. Nous descendîmes doucement les quelques marches et nous trouvâmes devant la porte secrète. John me regarda et j'hochai la tête, lui signalant ainsi que j'étais prête et qu'il pouvait appuyer sur la marque qui ferait glisser la porte. Il actionna l'interrupteur et la lumière inonda la pièce. Rien ne semblait avoir bougé.

— Personne n'est venu ici ? lui demandai-je.

John ouvrit quelques tiroirs et quelques placards et les referma aussitôt.

— Non, personne n'est venu ici Alice, me répondit-il simplement.

Je poussai un ouf de soulagement.

Tandis que John rangeait les dossiers dans le coffre, ceux-là mêmes, qu'il n'avait pu faire enregistrer ce jour, je jetai un œil plus en avant dans la cave. Bill avait mis une sacrée pagaille. De vieux journaux trainaient sur le sol. John arriva bientôt avec une lampe torche et nous pûmes scruter le reste de la cave. Il passa rapidement le faisceau de la lampe sur les caisses entreposées au fond de la pièce. Rien ne semblait avoir bougé. Pourtant, je n'étais pas complètement convaincue.

— Approchons-nous des caisses et inspectons-les, si tu veux bien ? lui demandai-je.

— Comme tu voudras, me répondit simplement John.

Quelque chose clochait et je ne voyais pas quoi ?

— Pourtant avec nos deux QI réunis, nous devrions voir tout de suite ce qui ne va pas, m'écriai-je.

— Je crois que j'ai trouvé, s'exclama soudain John.

Je me rapprochai aussitôt de lui afin de voir ce que ses yeux voyaient. Au bout de quelques secondes et à force de concentration, je compris.

— La poussière, c'est cela ? demandai-je

— Oui. Remarque que les caisses de gauche n'ont pas de poussière tandis que toutes les autres en ont. Ce qui veut dire que ces caisses ont été bougées et cela assez régulièrement puisqu'il n'y a aucun dépôt dessus.

— Oui. Oui. C'est cela ! Tu es un génie John !

Et de joie, je l'embrassai sur la joue.

Et John de me répondre en riant :

— Tu sais très bien mon Alice, qu'en m'épousant, tu ne te mariais pas avec un imbécile !

— Touchée, lui répondis-je amoureusement.

John commença à inspecter les caisses en appuyant ses doigts à différents endroits. Rien ne bougea.

— Peut-être ce passage ne s'ouvre-t-il que par de l'autre côté, remarquai-je.

— Non, je ne pense pas. Si cela avait été le cas, nous n'aurions pas retrouvé Bill bloqué dans les escaliers. Il se serait faufilé par le passage resté ouvert.

— Très vrai ! Alors il doit bien y avoir un moyen de l'ouvrir ce passage !

Je me concentrai quelques instants et interrogeai ma petite voix intérieure. Aussitôt ce que j'avais vécu, durant mes malaises, me revint en mémoire. Derrière ces caisses, il y avait un couloir et pour y accéder, nous devions les pousser.

— John, je crois que je sais ! Il faut essayer de les pousser !

— Les pousser ? s'étonna-t-il.

— Oui. Essayons, insistai-je.

Après quelques minutes d'efforts, soudain les caisses bougèrent et glissèrent vers le fond de la pièce, nous laissant ainsi un passage sur le côté gauche. Au sol, nous remarquâmes aussitôt deux rails. J'étais décidé à en savoir plus et d'un commun accord, nous nous engageâmes dans l'étroit passage laissé par les caisses pour arriver dans un immense couloir. John balaya le faisceau de sa lampe sur le sol et nous remarquâmes des traces de pas. Nous ne savions où nous mènerait ce couloir, mais nous continuâmes quand même à avancer. La tête commençait à me tourner, mais je ne dis rien à John. Il aurait exigé que nous fassions demi-tour aussitôt et je n'en avais pas envie. J'avais trop envie de savoir où ce couloir allait nous mener.

Bientôt, nous remarquâmes que nous descendions. Pour preuve, l'humidité qui apparaissait sur les murs. Nous avancions doucement en silence. Nous savions tous les deux, que la ou les personnes, qui s'étaient introduites dans la villa, pouvaient à tout moment revenir.

Soudain la lampe torche s'éteignit. John donna aussitôt une petite tape dessus et par chance elle se ralluma. À cet instant, je compris que nous devions faire demi-tour. Si près du but et devoir tout arrêter. Je poussai un soupir.

— Nous reviendrons demain avec plusieurs lampes de rechange, me chuchota John comme si cela pouvait me consoler.

— Oui, répondis-je tout bas aussi.

Nous fîmes rapidement le chemin inverse et lorsque nous fûmes revenus dans la cave principale, celle-là même où étaient entreposées les caisses, nous poussâmes un ouf de soulagement.

— Alors que faisons-nous, demandai-je à John.

— Tu veux que nous bloquions le passage ? Parce que si nous le bloquons, ils sauront que nous l'avons découvert !

— Nous ne savons même pas qui ils sont ? Et ce qu'ils cherchent ?

— Oui, c'est vrai, admit John.

— Pourtant, je ne vois qu'une seule personne qui puisse connaitre cet endroit aussi bien !

— Madame Smith ?

— Oui, et elle seule ne peut avoir connaissance de cet endroit. Tu m'as dit que sa famille a travaillé depuis plusieurs générations à la Villa. C'est bien ça ?

— Oui, tout à fait, mais que cherche-t-elle ?

— Je ne sais pas, mais je t'assure, mon amour, que nous allons trouver !

Il était tard. Nous replaçâmes les caisses comme nous les avions trouvées et effaçâmes toutes traces de notre venue à cet endroit. Puis nous regagnâmes l'étage. Bill nous accueillit avec un ronronnement de bonheur.

Je regardai ce qui m'entourait avec l'impression que notre vie, à John et à moi, ne nous appartenait plus. Quelqu'un fouillait dans nos affaires, foulait le sol de notre maison. Et tant que cette personne continuerait d'agir, je ne me sentirais pas tranquille. Je n'avais qu'une hâte maintenant, c'était que la vérité éclate et que John et moi, nous retrouvions notre vie.

Chapitre 15

Le lendemain matin, je me réveillai avec la gorge en feu et un énorme mal de tête. Notre escapade, la veille au soir, dans les souterrains de la villa ne m'avait pas épargnée. Je ne m'inquiétai pas de l'absence de John à mes côtés, il avait l'habitude de se lever de très bonne heure et lorsque je consultai mon réveil posé tout à côté de moi sur ma table de nuit, les aiguilles indiquaient la demie de onze heures. Pourquoi John m'avait-il laissé dormir si tard ? Je fis un bond dans le lit et me levai un peu vivement. Aussitôt, je sentis un vertige me faire vaciller. Je compris à cet instant, que j'étais vraiment malade et que ce ne serait ni aujourd'hui, ni demain que nous retournerions inspecter le souterrain.

J'attrapai ma robe de chambre posée au bas du lit et enfilai mes chaussons. Peut-être qu'après une bonne tasse de thé, je me sentirais mieux. Lorsque j'arrivai dans la cuisine, Bill m'accueillit par un miaulement de contentement et son ronronnement se fit entendre. Je fus ravie de constater que sa mésaventure de la veille ne lui avait pas laissé de séquelles.

Tandis que je versais l'eau chaude dans ma tasse, mes yeux se portèrent sur l'étagère ou j'avais caché, deux jours plus tôt, derrière quelques livres de cuisine, le journal de Marianne. Un mauvais pressentiment me traversa l'esprit. Puisque des gens se promenaient dans notre maison, peut-être l'avaient-ils trouvé et pris ? Je me dépêchai d'aller vérifier. Par chance, il était toujours là où je l'avais mis. Je l'emportai avec ma tasse de thé dans le bureau et m'installai dans un fauteuil près de la fenêtre. Il était temps que je lise ce journal. Une intuition me disait que ce qu'il contenait pouvait m'aider à découvrir tous les secrets de la Villa des pierres suspendues. Je recommençai ma lecture par la première page, chaque mot pouvait avoir son importance. À cet instant, je réalisai combien cette femme avait dû souffrir à cause de son don. Et terminer sa vie dans un asile d'aliénés parce que personne n'avait voulu croire ses dires lorsqu'elle avait vécu cette expérience de mort imminente. Je n'en avais pas la preuve bien sûr, mais, à l'instant où j'eus cette pensée, ma petite voix intérieure me fit aussitôt comprendre que j'étais sur la bonne voie.

De ce fait, Marianne n'avait pu se confier qu'à son journal. Lui seul pourrait m'apporter les réponses à toutes ces questions que je me posais depuis toujours. Je repris donc ma lecture dès le début. Chaque mot, chaque phrase, pouvait avoir son importance. Dès les premières lignes, j'entrevis une jeune femme timide et réservée qui découvrait sa nouvelle maison, sa nouvelle vie. Et pour cette villa, Marianne avait de grands projets. Faire de ce magnifique endroit, sa maison de rêves. Les pages, qui suivaient, étaient annotées de dessins pour le nouvel agencement des pièces et ainsi que la décoration.

Je lisais en constatant avec bonheur combien cette jeune femme était heureuse en ménage, mais à mesure que j'avançais dans ma lecture, je sentis que quelque chose se passait. Je ne ressentais plus le même allant dans les mots. La pétillante jeune femme semblait tout doucement sombrer dans une mélancolie. Son époux, André, devait s'absenter de plus en plus souvent et de plus en plus longtemps pour ses affaires. Et puis il y avait cette gouvernante et son mari. Gladys et Herbert Smith. Tant qu'André avait été présent, Marianne n'avait jamais rien remarqué sur ces gens, sur leur façon de faire ou d'être. Ils étaient restés des domestiques au service de leurs maîtres. Les choses commencèrent réellement à changer lorsque Marianne attendit son premier enfant. Le vrai visage de ces gens s'imposa alors réellement à elle et à elle seule. André ne remarquait rien, tout occupé qu'il était à ses affaires pour la plus grande détresse de sa jeune épouse.

Cela avait commencé par des petites choses. Des objets qui disparaissaient et qui réapparaissaient comme par enchantement. Des ordres de la jeune femme qui n'étaient pas entendus ou respectés comme si cette dernière n'avait jamais rien dit ou demandé. Des pas dans les couloirs et lorsqu'elle se dépêchait d'aller vérifier, il n'y avait personne. Des portes et des fenêtres qui claquent la nuit. Et puis ces malaises qui devenaient de plus en plus fréquents l'obligeant à garder la chambre des jours entiers. Marianne vivait dans la peur, la terreur même et passait ses nuits à surveiller la porte de sa chambre. Et son époux de lui dire que c'était son état qui lui conférait toutes ces impressions et qu'elle ne courrait aucun risque à la villa. Monsieur et madame Smith étaient tous les deux très dévoués à la famille Porter.

Dès ce jour la jeune femme arrêta d'importuner son mari avec ses états d'âme qu'il croyait sorti tout droit de son imagination. La jeune femme décida de reprendre les rênes de sa vie et d'imposer son autorité à ces deux domestiques. Deux jours plus tard, elle trébuchait dans les escaliers et perdait l'enfant qu'elle attendait.

Soudain j'entendis John remonter de la cave. Ma lecture m'avait fait perdre la notion du temps. Je regardai l'horloge posée sur la cheminée et les aiguilles indiquaient treize heures trente minutes. John entra dans le bureau et me vit.

— Tu aurais dû rester au lit mon Alice, me dit-il en venant m'embrasser.

— Oh avec tout ce qu'il s'est passé dans cette maison pendant notre absence, je ne me voyais pas rester au lit. Et toi comment vas-tu mon amour ?

— Ça va, ça va. Je préparais mes dossiers pour la fin de la semaine. J'ai bien réfléchi Alice et j'ai décidé que j'irai à la conférence que donne ce E.J Vince, m'informa soudainement John.

— Cela ne pourrait que te faire du mal mon ami, m'écriai-je aussitôt. Je connais très bien cet homme et surtout je sais ce dont il est capable de faire ou de dire si tu devais te mettre au travers de sa route ! Je t'en prie, John, n'y va pas !

Je m'approchai tout contre lui.

— Alice ! Je dois savoir ce qui sera dit lors de cette conférence et si ce Vince dit vrai quant à sa fameuse machine à énergie libre, termina-t-il en me serrant dans ses bras.

— Alors j'irai avec toi mon amour, lui susurrai-je à l'oreille. Je ferai en sorte que l'on ne me reconnaisse pas. Je n'ai pas le cœur à rester seule dans cette maison tant que nous ne savons pas qui s'y promène sans notre consentement.

— Comme tu voudras mon Alice, mais tu devrais retourner te coucher. Je te trouve fiévreuse, me dit-il après m'avoir tenue tout contre lui.

— Demain il n'y paraitra plus. Notre visite dans les souterrains est compromise pour aujourd'hui, mais je ne te cache pas que j'ai hâte d'y retourner. Hâte de savoir qui se permet d'envahir notre maison et surtout hâte d'en connaitre la raison.

— Je suis comme toi, mais pour le moment cela me parait exclu. Je ne pense pas que cela soit d'aujourd'hui que ces gens se promènent dans notre maison et s'ils avaient voulu nous faire du mal, il y a longtemps que cela aurait été fait, me répondit John d'un ton qui se voulait rassurant.

Je repensai aussitôt au journal de Marianne et de ce qu'elle avait ressenti lors des absences de son époux. L'histoire semblait vouloir se répéter, mais je chassai vite cette idée de ma tête.

— Veux-tu que je te prépare quelque chose à manger ? lui demandai-je. Il doit rester un peu de poulet froid et je peux te griller quelques toasts.

— Je te remercie, mais je préfère que tu te reposes mon Alice. Je vais bien réussir à me débrouiller tout seul et puis si je n'y arrive pas, Bill saura m'aider.

John était heureux, il avait réussi à m'arracher un sourire. Lorsqu'il me laissa pour aller préparer son repas, je me réinstallai dans mon fauteuil et repris ma lecture, là où je l'avais laissée quelques instants plus tôt : la chute de Marianne dans les escaliers.

La jeune femme, d'après les dates inscrites, ne s'était remise à écrire dans son journal qu'un mois après la perte de son enfant. Je m'attendais à retrouver les mots d'une femme effondrée, pas du tout. Je fus surprise sur le moment ? Bien sûr Marianne avait été bouleversée de cette perte, mais très vite quelque chose de plus fort avait pris place. Les pages, qui suivaient, étaient d'un autre style, d'un autre genre comme si la personne des premiers mots avait fait place à une autre. Une femme différente, transportée par quelque chose de merveilleux, de secret et d'impensable.

Marianne racontait qu'il n'existait pas en ce monde de mots aussi forts pour traduire ce qu'elle avait vécu pendant sa perte de conscience. Un tunnel lumineux l'avait transporté à une vitesse folle vers un jardin merveilleux, un jardin dont les couleurs étaient si brillantes, si lumineuses qu'elle en avait ressenti, aussitôt, un bien-être immense. Dans cet endroit, plus de peurs, plus de douleurs, et plus de tristesse. De l'amour si fort, si pur, si beau qu'elle s'en était, instantanément, sentie transformée. Un être, tout de lumière, s'était alors approché d'elle et lui avait dit, pas par les mots, mais par la pensée, que son heure n'était pas arrivée et qu'elle devait retourner dans sa vie terrestre. Elle avait une tâche à accomplir et que si cette tâche n'était pas visible tout de suite, cela le serait dans quelques années. Son passage sur la terre ferait avancer l'humanité d'un grand pas. Marianne eut du mal à détacher son regard de cet être si beau et si rempli d'amour. Il l'accompagna jusqu'à l'entrée du tunnel et quelques jours plus tard, elle se réveilla dans son lit. Ce qui venait de lui arriver était tellement beau, tellement inconcevable qu'elle ressentit le besoin de le raconter à son époux rappeler d'urgence à la Villa des pierres suspendues à cause des évènements dramatiques qui venaient de s'y passer.

Au départ, on laissa la jeune femme raconter ce qu'elle avait vécu avec une certaine compréhension due à la perte de son enfant. Au fil des semaines, son époux lui demanda de stopper ces élucubrations. Le médecin fut rappelé à la villa et diagnostiqua une dépression sévère et des calmants lui furent administrés. Au début, la jeune femme sombra dans un sommeil sans fond puis avec le temps, elle ressentit une légèreté comme si son esprit quittait cette chambre pour n'y laisser que ce corps endormi. Pour commencer, ce double d'elle-même ne faisait que le tour de la chambre et puis l'habitude et l'assurance se faisant, elle allait de plus en plus loin dans la maison. Bien sûr de cela elle n'en parla à personne. Seul son journal connaissait cette vérité. En effet, au cours de ces promenades dans cet état second, elle avait entendu les domestiques dire avec un certain contentement que si elle n'allait pas mieux, le médecin avait pensé à l'internement. Dès ce jour, Marianne sut que plus jamais elle n'évoquerait ces moments à quiconque et elle serait ou deviendrait la personne que tout le monde attendait qu'elle soit.

À partir de ce jour, sa décision prise, l'état de santé de Marianne s'améliora grandement et il lui fut permis de quitter sa chambre. Une femme différente, une femme grandie de cette expérience, apparut aux yeux de tous. Elle se réappropria petit à petit la villa qui avait pendant quelques mois échappé à son contrôle. Et une chose était certaine, c'était qu'elle n'avait plus peur de ces domestiques. Elle était la maîtresse de cette maison et elle entendait le rester. Et les changements qu'elle avait envisagés au début de son mariage, elle les mit en œuvre. La Villa des pierres suspendues retrouva peu à peu sa splendeur d'antan.

Bientôt Marianne attendit un nouvel enfant. Elle n'en fit part qu'à son époux en lui faisant promettre de ne rien dire tant que cela serait possible de cacher ce nouvel état. La jeune femme voulait ainsi se protéger d'une nouvelle chute, car s'il était une chose dont elle était certaine, c'était que sa chute dans les escaliers n'était pas accidentelle. Une main l'avait savamment poussée dans cet escalier de pierres et l'auteur de cet accident ne pouvait être qu'un des deux serviteurs. Mais pourquoi agissaient-ils ainsi ? La jeune femme ne voyait aucune raison pour qu'ils procèdent ainsi.

Malgré sa grossesse, Marianne continua à expérimenter ce don qui lui avait été offert lors de ce voyage dans ce tunnel. Maintenant qu'elle avait parcouru toutes les pièces de la maison dans cet état second, elle se sentait profondément attirée vers les sous-sols de la villa. Dans son état normal, elle n'avait jamais osé y mettre les pieds. Elle voulut résister à ce nouvel élan vers cet inconnu, mais l'appel fut le plus fort. Elle finit par céder et se sentit aussitôt aspirée par une vibration, une lumière si brillante qu'elle repensa à l'expérience qu'elle avait vécue. Elle se retrouva rapidement dans une immense salle qui était la reproduction en miniature du site de Stonehenge. Là, aucune pierre ne manquait et cet assemblage faisait penser à d'immenses portes. La jeune femme s'approcha de l'une d'elles et se sentit aussitôt aspirer par une force invisible. Quelle surprise de se retrouver le jour de son mariage et de se voir dire oui à l'homme qu'elle aimait ! Ce voyage dans le temps ne dura que quelques secondes. La peur aidant, la jeune femme se retrouva rapidement dans l'immense salle. Elle hésita de nouveau. Devait-elle essayer une autre porte ? À peine cette pensée traversait son esprit qu'elle se trouva devant une nouvelle porte, une porte qu'une force inconnue lui imposa. Et le même scénario se reproduisit. Elle fut à nouveau aspirée et se retrouva propulsée à une autre époque, mais cette fois-ci elle était toujours à la Villa des pierres suspendues. La décoration avait quelque peu vieilli et certains meubles avaient disparu. Un couple vivait là avec un chat. Les informations que cherchait Marianne sur ces gens s'imprimèrent clairement à son esprit. Cette fois-ci, elle n'eut plus peur puisqu'il s'agissait de son petit-fils John Porter et de son amie Alice Simons.

À cet instant de sa lecture, Alice lâcha le livre qu'elle tenait entre ses mains. Comment cela pouvait-il être possible ? Comment son nom pouvait-il être connu de cette femme ? Elle reprit le livre qui avait glissé sur le sol. Non, elle n'avait rien imaginé. Son nom ainsi que celui de John était inscrit dans le journal de Marianne. Il fallait que John lise cela de ses propres yeux, Alice se leva et retrouva son époux dans la cuisine. Il lisait son journal.

— John, il faut que tu regardes ce passage. Marianne parle de nous deux.

— De nous deux ? s'exclama-t-il aussitôt.

Tandis que John lisait, je m'assis tout à côté de lui. Je me sentis tout à coup si lasse.

Il me tendit de nouveau le livre. La surprise se lisait sur son visage.

— Ne me demande pas de t'expliquer comment cela est possible ! Je n'en sais rien !

— Mais tu vois bien qu'elle parle de nous deux et de Bill ! insistai-je.

— Oui, cela y ressemble, mais…

— Oui, tu vas me dire que cela n'est pas possible, le coupai-je. Tu es assez ouvert d'esprit pour savoir que ce n'est pas parce que la science ne peut pas l'expliquer que cela est forcément impossible ! Je crois que cette villa porte le nom des pierres suspendues, pas parce que le site se trouve tout près, mais parce qu'un site en miniature s'y trouve. D'après ma lecture, il ne peut y avoir de doute !

— Alice ! Tu vas trop vite dans tes conclusions ! Les plus grands archéologues se sont penchés sur ces vestiges et jamais personne n'a exprimé une telle conclusion !

— Et pourquoi mon approche serait-elle fausse ? Je pense plutôt que les mentalités ne sont pas prêtes à entendre cela. Pour certaines gens, n'est possible que ce qui est visible !

Une quinte de toux conclut ma pensée.

— Tu ne devrais pas te mettre dans un tel état pour ce qu'a écrit mon aïeule ! Je t'ai dit qu'elle n'avait pas toute sa tête et comment elle a terminé sa vie. Regarde tu es brûlante de fièvre. Je vais t'aider à te recoucher, mais cette fois-ci, ce sera dans ton lit.

Et John m'aida à me coucher. Je voulus à tout prix garder le livre avec moi et John consentit.

Une fois couchée, je me sentis aspirée par le sommeil et la pièce sembla se mettre à tourner. Comme Marianne, je sentis mon corps se dédoubler et mon double m'emporta vers un mur de pierre. Celui-là même que j'avais eu en vision quelque temps plus tôt. Je ressentis à cet instant que derrière ce mur se trouvait la réponse à mes questions. Puis mon double réintégra mon corps et je m'endormis cette fois-ci dans un sommeil de plomb.

Chapitre 16

Qui a dit un jour « Un être vous manque et tout est dépeuplé ». Je crois bien qu'il s'agit d'un extrait d'un poème de Lamartine, mais ma douleur est telle que je ne me soucie guère de me renseigner si cela est exact ou non. Je suis tellement bien là à rester sans bouger dans ce fauteuil qu'il affectionnait tant et à rester à contempler ce portail qui mène à notre villa dans l'espoir que tout cela n'est qu'un mauvais rêve et que je vais bientôt me réveiller et le voir arriver dans sa voiture noire. Je ne compte plus les heures, les jours, les semaines. J'ai trop peur d'oublier son visage, sa voix, son parfum. Je ne peux m'y résoudre et pourtant…

John n'est plus. En un instant, tous ces moments de bonheur, d'amour se sont envolés comme poussière au vent comme pour effacer tout ce qu'avait été notre existence. En un instant, ma vie, non, notre vie venait de basculer. Du statut de jeune mariée, je venais de rejoindre celui des veuves.

Je pouvais encore entendre la sonnerie du téléphone comme si cette sonnerie avait eu un son différent par rapport aux autres fois. Cette sonnerie s'était insinuée en moi comme sonne le glas. Je savais déjà qu'il m'avait quitté avant l'annonce du poste de police. Je ne saurais vous l'expliquer, mais cette pensée s'était emparée de mois tandis que je lisais devant cette même fenêtre, mais assise dans le fauteuil situé en face de celui ou je me tiens actuellement. Cette impression d'une présence avait été si forte que j'en avais lâché mon livre, celui-là même de Marianne, afin de me retourner brusquement. Personne. Il n'y avait personne. Puis une sensation bizarre s'insinua en moi. Il était arrivé malheur à John.

John était décédé dans un accident de voiture. Son véhicule avait quitté la route sans raison apparente et était venu percuter un pylône électrique. Le choc avait été d'une violence extrême et John n'avait pas eu le temps de souffrir. Du moins, c'était ce que les services de police m'avaient rapporté. Comme si cette affirmation aurait pu amoindrir ma douleur. Pourtant ce jour-là, pas de neige ni de verglas, mais une belle journée ensoleillée.

Et moi, Alice Simons, ma vie qu'allais-je en faire maintenant ? Il était mon amour, mon double, ma force, ma joie de vivre, mon soleil. J'étais anéantie.

À cet instant, je compris que plus jamais je n'entendrais sa voix, plus jamais il ne me serrerait dans ses bras. C'est alors que, tout le flot d'émotion, que j'avais jusqu'alors réussi à contenir, jaillit de mes yeux. Mon corps fut secoué par les sanglots et une énorme souffrance me transperça le cœur. À peine avais-je trouvé mon amour que je devais le perdre. Je trouvais cela tellement cruel, injuste. Pourquoi ? Pourquoi ? n'arrêtais-je pas de me répéter mentalement. Puis lorsque je n'eus plus assez de larmes pour pleurer, je me préparai pour l'organisation des funérailles. Je me dirigeai vers notre chambre lorsque la cloche du portail tinta. Qui pouvait donc vouloir venir à cette heure ? Ce ne pouvait être le livreur, ce n'était pas son jour de livraison. Peut-être la police ? Alors je me dépêchai d'aller ouvrir. Quelle ne fut pas ma surprise de découvrir que derrière cette grande porte de métal se tenait, madame Smith, l'ancienne gouvernante.

— J'ai appris pour le décès du professeur Porter et je suis venue le plus vite possible, commença-t-elle.

— Oui, oui, mais voyez-vous je n'ai pas trop de temps à vous consacrer. Je…

— Je suis venue vous dire que vous devrez avoir quitté cette maison avant la fin de la journée, me coupa-t-elle.

— Comment cela ! m'exclamai-je aussitôt.

— Et surtout, ne vous avisez pas d'emporter des objets qui ne vous appartiendraient pas !

Elle ne me laissa pas le temps de répondre. Elle avait quitté les lieux comme elle était venue. À cet instant, je ressentis monter en moi une vive colère. Cette femme n'avait vraiment aucun respect pour les gens et pour celui qui avait été son employeur durant des années. John n'était plus et elle n'avait même pas prononcé une parole de compassion.

Je claquai le portail de rage et le fermai à double tour. Cette femme pourrait toujours attendre que je quitte les lieux. J'étais ici chez moi et rien ni personne ne pourrait me faire partir. À cet instant de mes réflexions, je compris tout à coup que madame Smith ne savait rien de notre mariage à John et à moi. Je ne comprenais toujours pas ce qui lui conférait le droit de me dire de partir. Elle n'avait aucun lien de famille avec John et elle n'avait été toutes ces années qu'une simple employée.

J'étais à nouveau à peine rentrée dans la villa que de nouveau la cloche tinta. J'hésitai à aller ouvrir. Je n'avais pas envie d'être confrontée de nouveau à cette madame Smith. Et puis, tout à coup un doute m'effleura l'esprit. Et si ce n'était pas madame Smith. Je revins donc sur mes pas et demandai au travers du portail.

— Oui ! Qui est-ce ?

— Inspecteur Maxwell madame !

J'ouvris aussitôt et découvris un homme tout vêtu de noir qui me présentait sa carte de police. Il était accompagné de deux autres personnes.

— Madame John Porter ?

— Oui, répondis-je surprise de voir la police aux pierres suspendues.

— Je viens au sujet de votre mari. Serait-il possible de vous parler quelques instants ?

À peine avait-il énoncé ces mots, que je sentis une vive émotion monter en moi. Mentalement et très rapidement je fis appel à ma voix intérieure pour qu'elle me rassure. Mais rien. Le silence absolu. Une inquiétude supplémentaire me nouait la gorge et je ne pus que me questionner sur la venue de ces policiers.

— Oui, mais je ne comprends pas, il y a à peine quelques heures que l'on m'a annoncé le décès accidentel de John. Le policier que j'ai eu au bout du fil m'a dit que le corps allait être transféré aux pompes funèbres et…

— Rentrons si vous le voulez bien, me coupa doucement l'inspecteur tout en me prenant le bras pour m'accompagner vers l'entrée de la villa.

À cet instant, je compris que l'accident de John n'était plus un simple accident.

Nous nous dirigeâmes vers la cuisine et proposai aux policiers une tasse de thé. Ils déclinèrent.

— Madame Porter, pouvez-vous nous dire si votre mari avait des ennemis ? commença un peu brutalement l'inspecteur en chef tout en sortant, de la poche intérieure de son veston, un calepin et un crayon.

— Des ennemis ? répondis-je un peu surprise par

la question.

— Oui. Des personnes lui voulant du mal. Des collègues, des amis, des voisins… La liste peut être longue.

— Non, je ne vois pas. John est, eh, était un simple professeur d'université.

— C'est tout ? insista-t-il.

— Peut-être… Je ne sais pas si cela pourrait vous être utile, mais il y a de cela, une vingtaine d'années, John travaillait sur un projet concernant l'énergie libre. Du jour au lendemain, son travail fut confisqué et il fut relégué comme simple professeur d'université.

À cet instant de ma vie, toutes ces questions ressemblaient à des couteaux que l'on m'enfonçait dans le cœur. La vie de John n'avait été qu'une vie de combats. Les larmes me montèrent aux yeux et je sortis rapidement mon mouchoir de ma poche.

— Pouvez-vous nous dire où il se rendait ce matin ?

— Oui. Il allait à Londres. Il voulait assister à la conférence du professeur E.J Vince concernant ses derniers travaux sur l'énergie libre. Il avait aussi quelques documents à déposer au bureau des brevets de Londres.

Je répondais aux questions de la police telle un automate. J'avais compris que l'accident de John n'était plus un accident, mais un meurtre.

— Madame Porter, la voiture, de votre époux, a

été trafiquée. Il n'avait aucune chance de s'en sortir vivant. Les freins et la direction du véhicule ont été délibérément sabotés par quelqu'un qui désirait sa mort. Je suis désolé, Madame , de vous annoncer cette terrible nouvelle supplémentaire, termina-t-il.

Puis il me remit les affaires personnelles de John qui avaient été placées dans un sac et un document à signer.

— Qu'est-ce que c'est ? demandai-je.

— La liste des effets contenus dans le sac, ceux-là mêmes que nous avons trouvés dans le véhicule de votre époux. Lisez là et si vous êtes en accord avec, signez là.

J'avais tellement les yeux embués par les larmes que les mots semblaient danser sur la feuille. Je remarquai pourtant qu'il manquait l'attaché-case de John.

— Il manque l'attaché-case de mon époux, dis-je simplement.

— Vous en êtes certaine ! insista le policier.

— Oui. John, avant d'aller à la conférence, devait se rendre au bureau des brevets. Les papiers, que contenait son attaché-case, étaient d'une grande importance puisqu'ils étaient le fruit d'un travail de toute une vie.

— Vous ne m'avez pas dit pourquoi le professeur voulait se rendre à cette conférence, insista le policier.

— La conférence de E.J Vince concerne des travaux sur l'énergie libre, et John voulait savoir ce que ce professeur allait dire à ce sujet.

— Vous connaissiez personnellement ce J.E Vince ?

— Oui. J'ai été un moment son épouse.

À cette annonce, l'inspecteur s'arrêta net d'écrire.

— Son épouse ? Et…

— Nous avons divorcé après quelques années de mariage. Il m'avait volé mon travail et avait présenté ma découverte pour la sienne. Mais à quoi bon ressasser le passé inspecteur ! John est mort et vous devez trouver le ou les responsables puisque d'après vous, il ne s'agit pas d'un simple accident !

Je n'avais qu'une envie à ce moment précis, c'était que tout cela s'arrête et que je retrouve ma vie d'avant. Ma vie avec John. Le destin en avait décidé autrement.

— Je n'ai plus de questions pour le moment. Je vous laisse ma carte. Il n'y aura pas d'autopsie puisque nous savons de façon formelle que le décès de votre époux est dû à un sabotage des freins et de la colonne de direction. Le corps se trouve en ce moment au funérarium d'Amesbury.

L'inspecteur me serra la main et il quitta, en compagnie de ses deux collègues, les pierres suspendues.

Aussitôt qu'ils eurent quitté la villa, je

m'écroulai en sanglots tout en serrant contre moi le sac d'effets que la police venait de me rapporter. Et lorsque Bill vint se frotter contre mes jambes, je l'attrapai et le serrai tout contre mon cœur. Nous nous retrouvions à nouveau seuls tous les deux.

Je passai le reste de la journée à errer dans la maison et pleurant à chaque fois que je voyais quelque chose qui appartenait à John. J'en voulais à la terre entière et surtout à ma voix intérieure qui ne m'avait pas prévenue que quelqu'un en voulait à l'homme que j'aimais plus que tout.

J'étais passée en une semaine du statut de jeune mariée à celui de veuve. Cinquante ans d'une vie à se chercher pour une seule année de bonheur. C'était bien peu. Je sus à cet instant que je ne quitterai jamais, du moins tant que je vivrais, la Villa des pierres suspendues. Elle était l'endroit où John et moi avions trouvé l'amour.

Tard dans la soirée, la cloche, du grand portail, tinta. Je décidai que je n'irai pas ouvrir. J'avais besoin de me retrouver seule avec mes souvenirs. Demain, j'irai voir John. Je voulais lui préparer un bel enterrement et rien ne serait trop beau pour mon aimé.

Je finis par décider qu'il me fallait un peu de repos et je ne pouvais me résoudre à aller m'allonger dans notre chambre à coucher. Je pris une couverture et m'installai sur le canapé du bureau et les yeux plongés dans le noir je repassai en boucles les dernières images que j'avais de John de peur de les oublier. Puis usée par les tourments de la journée, je glissai dans le sommeil avec à mes pieds, mon Bill couché.

Chapitre 17

Une pluie fine tombait tandis que l'office pour les obsèques de mon John allait débuter. Mon amie Lisa avait fait le déplacement pour la journée et me tenait le bras. Tel un automate, je suivis le cercueil jusque dans l'église. À ma grande surprise, je constatai que l'édifice était rempli de gens qui désiraient aussi dire au revoir à mon aimé. Pour la plupart, ils étaient pour moi des anonymes, mais je constatai aussi la présence de quelques têtes connues dont principalement celle de madame Smith qui me jetait des regards noirs.

Depuis l'annonce officielle du décès de John jusqu'à ce jour, je n'avais pas répondu au tintement de la cloche du portail sauf pour l'arrivée de Lisa qui m'avait auparavant prévenue de son heure d'arrivée. Tandis que la messe d'enterrement était célébrée, j'occupai mes pensées par un moment heureux, celui de notre mariage espérant garder ainsi un souvenir de mon aimé vivant et non celui d'un homme allongé dans un cercueil.

Puis une par une les personnes présentes à la cérémonie passèrent devant le corps afin de le bénir. J'attendis que tout le monde eût quitté l'église pour prendre le temps de me recueillir une dernière fois. J'avais encore tellement de choses à lui dire.

Quelques heures plus tard, une fois le corps de John en terre et Lisa repartie pour Londres, je me retrouvai, de nouveau, seule aux pierres suspendues. Une page était tournée et je me devais de reprendre rapidement pied si je ne voulais pas sombrer dans la dépression. Je n'avais qu'une seule chose en tête à cet instant : John avait été assassiné. Une seule raison me venait à l'esprit : ses travaux sur l'énergie libre. Mais comment et qui aurait pu avoir vent de ses travaux ? Nous étions restés très discrets sur le sujet. Je devais être patiente et croire en la justice. L'inspecteur de police, en charge du dossier, ne tarderait pas à me communiquer le fruit de ses recherches. Enfin, je l'espérais de tout cœur. Il fallait qu'enfin justice soit rendue à John. À cet instant de mes pensées, la cloche du portail tinta. Je sursautai tant ce son me surprit. La nuit était tombée. Le tintement se fit insistant. Je n'avais pas le choix si je voulais que cela cesse, je devais aller voir qui cela pouvait être.

— Oui ? demandai-je au travers du portail.

— Ouvrez-moi ! C'est madame Smith !

m'ordonna-t-elle.

— Je suis désolée, madame Smith, mais je ne veux recevoir personne ce soir.

— Et bien ma petite, de gré ou de force, vous allez m'ouvrir ! J'ai été de longues années, et mes parents avant moi, au service de la famille Porter et ce n'est pas vous, une simple employée, qui allez me dire ce que je peux ou ne peux pas faire ! Je pense avoir plus de droits que vous ! Ne vous avais-je pas demandé de quitter les lieux ? me hurla-t-elle au travers de la grande porte.

— Madame Smith ! Je suis ici chez moi et je ne quitterai certainement pas cette maison ! Je vous souhaite le bonsoir !

Et je regagnai la maison.

Au loin, je l'entendis me répondre :

— Et bien, nous allons voir si je ne peux pas y entrer dans cette maison ! J'ai des droits moi aussi et j'entends qu'ils soient respectés !

Je n'avais qu'une envie, ne plus entendre cette mégère hurler au dehors des choses complètement absurdes tout en faisant tinter la cloche à tout-va. Des droits ? Mais de quels droits voulait-elle donc parler ? Je chassai vite ses paroles de mon esprit et fermai à double tour toutes les portes de la villa. Avec ses dires, cette bonne femme m'avait donné la chair de poule.

Au bout de quelques instants, les tintements cessèrent. Je poussai un ouf de soulagement, mais je n'étais pas tranquille pour autant. Avec cette femme, je devais m'attendre à tout. La nuit serait longue et avec cette histoire, l'envie de dormir m'avait tout à fait quittée.

Je me chauffai un bol de soupe et décidai de m'installer dans le bureau. J'avais beaucoup à faire. Ranger tous les dossiers de John dans la cache secrète. Et cette promesse, je l'avais faite à mon amour durant les obsèques comme si ma petite voix intérieure m'avait communiquée sa dernière volonté. J'obéirais donc à ma voix intérieure et demain, cette pièce redeviendrait ce pour quoi elle avait été conçue à l'origine : une pièce de détente.

Jusque très tard dans la nuit, je fis des allers-retours entre la cave et le salon. Ce ne fut que vers les trois heures du matin que je m'allongeai, épuisée de fatigue, dans le canapé du salon. Je fermai les yeux en tachant de faire le vide dans ma tête pour ne plus entendre que le bruit de ma respiration et sentir les battements de mon cœur. C'est alors que je sentis qu'une partie de moi quittait mon corps pour se déplacer dans la pièce. Je pensai aussitôt au journal de Marianne. Comment cela était-il possible que cela m'arrive à moi ? Je me sentais déjà un être à part avec cette petite voix intérieure, mais pouvoir quitter mon corps de chair, pour me promener au gré de mes envies, me surprenait au plus haut point. À cet instant, ma petite voix intérieure me fit comprendre que nous possédions tous ce pouvoir, mais qu'il fallait arriver à un certain niveau de vibrations pour que cela devienne possible. Pourtant, je n'avais rien provoqué. J'avais simplement lâché prise sur les choses et les évènements. N'osant tout d'abord pas m'éloigner de mon corps physique, je commençai par visiter le salon dans ses moindres recoins et remarquant que je pouvais regarder la pièce aussi bien d'en haut que d'en bas. Ma vision ainsi que mon ouïe s'étaient amplifiées. Je pouvais voir et entendre la moindre petite araignée tisser sa toile.

Puis je décidai de quitter le salon et d'aller voir le couloir, mais pour ce faire, il fallait que j'ouvre la porte. Comment ouvrir une porte lorsque l'on ne possède plus d'emprise sur les choses. Aussitôt le journal de Marianne apparut à mon esprit et la facilité qu'elle avait à traverser les murs. Pourquoi pas ? Et à peine cette pensée m'effleura-t-elle que je me retrouvai de l'autre côté de la porte, dans le couloir même. Tout heureuse de cette nouvelle découverte, j'explorai le couloir de la même façon que je l'avais fait avec le salon. Un petit objet dans le grand lustre de verre attira aussitôt mon regard. Je m'en approchai. Bizarre. Comment cette si petite chose avait-elle pu se retrouver là. Demain, première chose, un escabeau et….

Soudain, des bruits venant de la cave arrivèrent jusqu'à moi. Que devais-je faire ? Réintégrer mon corps et me réveiller pour aller voir ce qu'il se passait là-dessous ? Et si une fois revenue dans mon corps, je continuais à dormir ? Quelle décision prendre ? Les bruits s'amplifièrent. Puisque je n'étais plus dans mon corps, on ne pouvait me voir. À peine cette pensée m'effleura que je me retrouvai dans les sous-sols de la villa. Je voyais comme en plein jour tandis que je distinguai deux personnes munies de lampes fouiller dans des caisses. À cet instant, je ne fus pas surprise de reconnaitre madame Smith, comme si quelque chose en moi le savait depuis toujours, accompagnée de quelqu'un qui semblait être son époux. Comment étaient-ils arrivés jusqu'ici ? Je décidai d'en savoir plus et m'installai sur une des caisses non loin de celle qu'ils fouillaient.

— Tu es certaine qu'il nous faut ce papier, demanda l'homme.

— Oui ! Je te le dis ! Nous devons le trouver ! Alors arrêtes de parler et cherche ! s'énerva madame Smith.

L'homme bougonna et reprit ses recherches. Sous mes yeux, tous les papiers de la famille de John apparaissaient. Actes notariés, actes de vente... Tous dataient de l'époque où l'aïeule de John avait reçu la villa pour services rendus à la nation anglaise.

Au bout d'une demi-heure de recherche qui leur sembla infructueuse, l'homme demanda de nouveau :

— Le testament, que nous avons, devrait nous suffire puisqu'il mentionne que lorsqu'il n'y aura plus filiation de la famille Porter, la villa nous reviendra de plein droit ?

— Réfléchis un peu Edgard ! Ce testament a été fait en double ! Tu sais très bien ce qui a été ajouté sur ce double !

— Oui je sais ce qu'il a ajouté le comte ! J'me

disais que si nous, nous le trouvons pas, pourquoi qu'il l'aurait trouvé le professeur ?

— Ah il faut vraiment tout t'expliquer mon pauvre vieux ! J'en faisais ce que je voulais du professeur, mais il a fallu que je commette une seule erreur ! Celle d'embaucher cette Alice Simons !

— Elle n'est que son employée ! rétorqua l'homme.

— Non, il l'a épousée il y a huit jours !

— Quoi ? s'exclama l'homme.

— Et oui, nous avions pensé à tout sauf à cela Edgard ! C'est pour cela que nous devons trouver le testament du vieux, celui-là même où il est inscrit que toutes les dispositions testamentaires antérieures sont nulles et non avenues. Mes grands-parents et parents ne se sont pas battus toute leur vie pour que la villa tombe dans les mains de cette étrangère !

— Tu crois que le vieux se méfiait de tes grands parents ?

— Oh oui, c'est pour cela que mon grand-père l'a poussé dans les escaliers ! Il ne fallait pas qu'il parle et que ma famille soit chassée du service de ces maudites gens !

— Et si nous ne trouvons rien, continua l'homme.

— Et bien, nous chercherons en haut, comme je l'ai toujours fait jusqu'à ce qu'elle arrive cette Simons !

— Oh nous avons déjà eu chaud avec cette Sarah !

Sans cet accident d'escabeau, elle découvrait le micro.

— Et tu crois que c'était un accident toi ? Pauvre idiot ! C'est moi qui l'ai poussée la gamine !

J'en avais assez entendu. J'étais écœurée. Ce que je ne savais pas, c'était s'ils étaient aussi impliqués dans l'accident de John ? Des micros avaient été mis dans notre maison. Mais par qui et pourquoi ? Je vis mal madame Smith au fait d'une telle technologie. Il y avait autre chose. Il y avait quelqu'un d'autre. Et puis cette histoire de testament m'inquiétait. Allais-je devoir quitter la Villa des pierres suspendues ?

À cet instant, je n'eus plus du tout envie de rester près de ces gens. J'en avais assez entendu.

Par la pensée, je réintégrai rapidement mon corps. Et quelques secondes plus tard, je sortais du sommeil. L'expérience que je venais de vivre m'avait enivrée, mais j'étais aussi abattue par ce que je venais d'apprendre.

À tout moment, ces gens pouvaient pénétrer dans la villa. Je m'empressai d'aller vérifier que la porte de la cave était bien fermée et je poussai un meuble devant. Grande serait leur surprise s'ils essayaient de pénétrer dans les pièces principales. Je devais aussi vérifier une chose : le lustre du couloir et m'assurer si ce que j'avais vu existait bel et bien. J'allai chercher l'escabeau qui se trouvait dans un placard de la cuisine et l'installai sous le lustre. Après quelques minutes de recherche, je le découvris caché sur la face d'une larme de cristal. Je repérai bien l'endroit et ne tenta pas de l'enlever. Dès que le jour se lèvera, j'appellerai l'inspecteur en charge de l'accident de John afin qu'il vienne constater la présence de ce micro. Et du reste, je ne pourrais malheureusement pas en parler. Je me devais moi aussi partir à la recherche de ce fameux testament. Une idée me vint. Et pourquoi pas dans la pièce où j'avais trouvé le journal de Marianne ? L'idée me plaisait assez. J'attendrais simplement que l'inspecteur soit passé pour commencer, en toute tranquillité, mes recherches.

Pour le moment, je devais être patiente. Le jour ne se lèverait que dans quelques heures et tant que ces gens n'auraient pas quitté les sous-sols de la villa, je ne me sentirais pas en sécurité.

D'après ce que j'avais pu constater lors de ma sortie de corps, un immense couloir semblait s'enfoncer sur des centaines de mètres. Madame Smith devait connaitre ce passage depuis toujours, transmis sûrement depuis trois générations.

Je pensai alors au journal de Marianne que je n'avais pas eu le temps de terminer, me rappelant juste avoir montré un passage à John, celui-là même qui parlait de nous deux. Les larmes me montèrent aux yeux. Nous avions encore tant de choses à faire, à lire, à raconter et à vivre. La vie en avait décidé autrement. Je devais me battre contre tellement de choses et surtout je ne me sentais pas prête à quitter la Villa des pierres suspendues.

Je devais reprendre la lecture du journal et je

m'empressai d'aller le chercher. Je m'installai dans un fauteuil et repris ma lecture.

... J'ai très peur, je ne me sens plus en sécurité dans cette maison. La nuit dernière, je suis sortie de mon corps et je suis allée dans la pièce de lumière. J'ai passé l'une des portes et je me suis retrouvée quelques instants avant que je ne tombe des escaliers. Je devrais dire que quelqu'un me pousse dans les escaliers. Cette fois-ci j'ai vu qui c'était. C'était notre serviteur. Et maintenant que je suis de nouveau enceinte, j'ai très peur que cela ne recommence. J'ai essayé de tout expliquer à mon époux, mais il pense que j'ai perdu la tête. Il est de plus en plus souvent absent de la maison en me laissant seule avec ces gens qui sont prêts à tout. Je sais qu'ils cherchent quelque chose. Je les entends fouiller dans toutes les pièces. Ils croient que je dors, mais non. Je suis bien éveillée et lucide depuis que je ne bois plus les tisanes que l'on m'apporte....

..... Je m'affaiblis de jour en jour et mon époux s'est enfin décidé, devant mon état de santé, à faire appeler un médecin. Un changement d'air radical m'a été prescrit. Comme je suis heureuse. Je vais enfin pouvoir quitter cette maison et mon enfant verra le jour loin d'ici...

.... Avant de partir, je me dois de faire une nouvelle expérience à travers ces portes. Je dois savoir ce que cherchent ces gens....

.... Mon Dieu, ce que je viens d'apprendre est terrible. J'ai vu les parents de cette femme engourdir l'esprit du père de mon époux et lui

faire signer un testament par lequel ils deviendraient légalement propriétaires de la Villa des pierres suspendues s'il ne devait pas y avoir d'héritier direct. Je comprends maintenant pourquoi ils en veulent à la vie de mon enfant. Ils veulent nous déposséder de notre bien et n'hésiteront pas à tuer s'il le faut. Il faut vite que je quitte cette maison…

…. Mon enfant est né et c'est un garçon. Me voilà revenue à la villa et toujours ces mêmes domestiques. Je me dois de protéger mon enfant de ces gens…

…. De nouveau ma santé décline et je perds de jour en jour mes forces. Que va-t-il advenir de mon fils quand je ne serai plus ? La pièce de lumière m'appelle de nouveau. Je sais que cela sera le dernier voyage que j'y ferai. L'avenir ne m'est donné que par bribes et je sais que mon enfant ne sera pas le dernier de la lignée. Pourtant j'ai peur, car je ne sais pas, je ne sais plus si c'est mon cerveau qui me joue des tours. Ai-je vraiment vécu tout cela ? Il faut que j'en parle à mon époux. Il faut qu'il me croie….

… Peine perdue, je les ai entendus discuter. Mon état est dit dangereux pour mon enfant et le médecin a parlé à mon époux d'un internement. Ils croient que je perds la tête. Mon Dieu, que cette vie est cruelle ! On va m'enlever mon enfant. Je n'ai plus assez de lait pour le nourrir. Il faut que je retourne à la pièce de lumière. Je dois savoir si ces gens vont réussir leur projet machiavélique de détruire ma famille…

.... Le vieil homme devant moi est affaibli. Je m'approche de lui et le vois, de sa main tremblante, écrire un document sur lequel il dit que toutes les dispositions testamentaires précédentes seront nulles et non avenues. Je le vois signer puis déposer cette feuille de papier à peine sèche dans un tiroir secret de son secrétaire. À cet instant, je comprends que ce nouveau testament ne sera jamais trouvé puisque le tiroir secret ne sera jamais dévoilé. Il me faudra revenir dans cette pièce. En aurais-je la force ?....

.... Je me dépêche malgré la force qui m'a abandonnée de retourner dans la chambre qui fut autrefois celle de mon beau père. Il faut que je prenne ce testament et que je le cache. Je profite de ce qu'ils me croient tous endormie et je longe les murs pour pouvoir rester debout. Mes doigts trouvent rapidement le tiroir secret et je sors le testament de sa cachette...

.... Mon cher journal, voici le temps de nous dire au revoir. Dans quelques heures, je n'habiterai plus ici. Ce qui me fait partir le cœur plus léger, c'est de savoir que mon fils ne restera pas non plus ici. Il va être emmené chez une nourrice à la campagne et ensuite, lorsqu'il sera sevré, il sera élevé dans notre famille en France. Un jour, quelqu'un lira ce journal et peut-être cette personne aura-t-elle un peu de compassion pour la femme que je suis et celle que j'aurais été. Je suis saine d'esprit malgré cet étrange pouvoir. Je terminerai cher journal par cette phrase : le testament sera délivré au bon moment.

Marianne Porter

Le testament sera délivré au bon moment. Qu'avait-elle voulu dire ? À cet instant de mes pensées, mon chat Bill vint se frotter contre mes chevilles pour me faire comprendre qu'il avait faim. Je lui remplis son bol de croquettes et vérifiai qu'il avait toujours de l'eau dans son écuelle. Ce matin serait un nouveau matin. Un matin sans John. Et toute l'émotion, que j'avais jusqu'alors réussi à contenir, se déversa tel un flot.

Chapitre 18

À cet instant de ma vie tandis que j'attendais l'arrivée de l'inspecteur Maxwell, je compris que la recherche ne ferait plus jamais partie de ma vie. Avec la mort de John, une autre partie de moi était morte aussi. Quelque part, n'avais-je pas poussé l'homme que j'aimais à reprendre ses travaux sur l'énergie libre ? Et s'il devait en être, tout le reste de ma vie, je devrais porter cette responsabilité. Un bien lourd fardeau pour si peu de retombées.

En effet, je compris, avec le décès de John, que le monde n'était pas prêt à recevoir cette invention qui donnerait à chacun la possibilité d'utiliser cette énergie qui se voudrait gratuite. Trop de choses étaient en jeu et pourtant le monde avait soif de cette invention. La machine resterait aussi longtemps que cela serait possible dans ce coffre à la banque et personne ne saurait même qu'elle existait. Je possédais les doubles des documents volés dans le véhicule et dès que l'inspecteur me donnerait le feu vert, je m'empresserai d'aller au bureau des brevets. Le travail de John devait être reconnu même si cela devait être post-mortem.

J'en étais là dans mes réflexions lorsque l'inspecteur Maxwell arriva enfin. J'avais des choses à lui faire savoir, mais je voulais d'abord qu'il me dise ce qu'il en était de l'enquête et si cette dernière avait avancé. J'étais rendue à un moment de ma vie où je me sentais prête à tout entendre.

À mon grand soulagement, l'inspecteur me fit savoir que l'enquête avançait rapidement et que la voiture n'avait pu être trafiquée que dans la cour de la villa. Les documents par contre restaient introuvables. Il me posa la question que j'attendais.

— Qui a accès à cette cour ?

— Normalement, il n'y a que moi, lui répondis-je tout de go.

— Et que dois-je entendre par ce normalement ? me demanda-t-il aussi rapidement.

— Il y a quelque temps de cela, mon époux et moi-même, nous sommes rendus compte que des personnes rentraient dans cette maison comme dans un moulin. Nous avons changé les serrures, mais ces personnes ont trouvé un autre moyen de pénétrer dans ces lieux, commençai-je.

— Et vous avez une idée de qui sont ces personnes ?

— Oui. J'ai ma petite idée, mais je n'ai pas de preuves à vous donner. Que des suspicions et une petite chose que j'ai trouvée dans le lustre au-dessus de nous.

L'inspecteur leva la tête et je m'empressai de lui installer l'escabeau afin qu'il constate par lui-même.

— Vous me surprenez, madame Porter ? Il faut des yeux de lynx pour découvrir ce petit objet. Comment l'avez-vous découvert ? Je ne pense pas que ce soit simplement en voulant nettoyer ce lustre !

— Non c'est vrai inspecteur. Une ancienne employée de John, Sarah Crowley, est passée, peu de temps avant le décès de John, prendre des affaires qu'elle avait laissées. Elle avait fait une chute de cet escabeau en voulant nettoyer ce même lustre. J'ai compris à ses dires, sans que jamais elle ne le dise franchement, qu'elle avait été poussée.

— Poussée par qui ? me demanda aussitôt l'inspecteur.

Je ne pouvais plus attendre. Je devais lui dire.

— Madame Smith, la gouvernante de la maison.

— Et vous pensez que c'est à cause de cette petite chose cachée dans ce lustre ?

— J'en suis convaincue maintenant, répondis-je simplement.

L'inspecteur sortit alors de sa poche une paire

de gants, les enfila et se saisit du micro qu'il déposa dans un petit sachet plastique.

— Alors, croisons les doigts pour que nous trouvions des empreintes sur ce micro, m'annonça-t-il.

Et tandis qu'il retirait ses gants, il me demanda :

— Et vous que pensez-vous de cette madame Smith ?

— Ce que je sais c'est qu'elle n'a jamais été aimable avec moi ou même la petite Sarah Crowley. John la payait pour qu'elle s'occupe de sa maison, mais elle n'y faisait rien et certaines pièces ont été condamnées par faute d'entretien. De nombreux objets ont disparu. Interrogez la petite Crowley et elle vous confirmera mes dires. D'après cette jeune femme, madame Smith passait son temps à fouiller la maison comme si elle était à la recherche de quelque chose d'important. Voilà inspecteur, je ne peux malheureusement vous en dire plus.

— Je vous remercie, madame Porter. J'ai pris note de tout ce que vous m'avez dit. Je vais moi-même apporter cet objet à la police scientifique afin que l'on sache s'il y a des empreintes ou non. Je vous tiens au courant.

J'accompagnai l'inspecteur jusqu'au portail d'entrée et à peine je fus de retour à la villa que le téléphone sonna. Pensant que c'était l'inspecteur qui me rappelait, je répondis rapidement.

— Madame Porter ?

— Oui.

Cette voix, je ne la connaissais pas et je décidai de rester prudente.

— Maître Green, notaire à Amesbury. Je vous appelle concernant un testament qui a été déposé à mon étude. Cela concerne la succession de votre époux.

— Oui.

Le notaire de Londres avait fait vite pensai-je sur le moment.

— Êtes-vous au courant de ce que contient ce testament, madame ?

— Oui. Tout à fait puisque j'étais présente avec mon époux lorsqu'il a été établi, répondis-je agacée par tout ce blabla qui ne menait à rien.

— Ah non madame Porter ! Le testament que j'ai en ma possession est beaucoup plus vieux que cela et les clients que je représente sont en droit de prendre possession de la Villa des pierres suspendues dès aujourd'hui.

— Comment cela ? m'exclamai-je aussitôt.

— C'est la loi madame et je peux vous assurer que ce testament est authentique donc applicable avant celui qui a été fait par votre époux, monsieur John Porter. J'en ai reçu une copie de votre notaire de Londres. Celui qui prévaut est celui de mes clients. Je passerai en fin d'après-midi vous montrer ce document. Je vous souhaite une bonne journée, madame Porter.

Et il raccrocha.

J'étais hors de moi. Cet homme ne me donnait pas un moment pour m'expliquer. Je n'avais pas l'intention de me laisser faire. Trop ! C'en était trop ! Je fermai un instant les yeux afin de me connecter à ma voix intérieure. La réponse : « Ne t'inquiète pas ».

Comment ne pas s'inquiéter alors que j'étais à la veille de perdre tout ce que John avait réussi à préserver. Et ces clients, je me doutais qui, ils étaient. Un seul nom : Smith. Qui d'autre autrement ?

Et tout ce que j'avais lu dans le journal de Marianne me revint à l'esprit. Il fallait que je trouve ce testament, celui-là même qui annulerait celui déposé à l'étude de Maître Green. Je n'avais que très peu de temps devant moi. Un seul endroit me venait à l'esprit, la pièce où j'avais trouvé le journal. Je me dépêchai de prendre la clé et de retourner, s'il le fallait, toute la pièce. Au bout de deux heures de recherche infructueuse, je dus me rendre à l'évidence. Le document ne s'y trouvait pas. Il devait pourtant bien être quelque part. Peut-être Marianne, pour une raison qu'elle seule connaissait, l'avait remis dans le secrétaire. Mais nulle part dans la villa, je ne trouvai trace de ce secrétaire.

Madame Smith pouvait arriver à tout moment et me faire jeter dehors. Et si John avait encore été là ! Qu'aurait-il fait ? Mais la question ne se posait pas, car seul le décès de John avait conduit à cette issue.

J'allais devoir à nouveau tout quitter pour me reconstruire une vie ailleurs et à cela je n'étais pas préparée. Aurais-je la force à nouveau de tout recommencer ? Et pour aller où ? Et puis il y avait mon Bill ? Supporterait-il tous ces changements ?

Le moment n'était peut-être pas propice à cela, mais je décidai de me faire une tasse de thé. Je ne devais pas baisser les bras et m'avouer vaincue. Ma petite voix intérieure était toujours bien présente et me faisait savoir que je devais avoir confiance. À ce moment précis, je répondis mentalement : il faut m'en dire plus alors. Un seul mot résonnait en moi : confiance, confiance…. À cet instant de ma vie, la confiance en mon don s'effritait doucement.

J'en étais là dans mes pensées lorsque la cloche du portail tinta. Je fis un bond sur ma chaise tant j'étais prise dans mes pensées et que je redoutais pour mon avenir.

Madame Smith était bien là et elle me poussa dès que j'ouvris le portail. Je ne pouvais me résigner pourtant à ne pas la laisser faire.

— Vous êtes ici sur une propriété privée madame ! Et si vous n'avez rien à me dire, je vous prierais donc de sortir !

J'étais hors de moi.

— Mon notaire arrive avec les documents ! Vous n'avez plus aucun droit sur cette villa même si vous avez réussi à vous faire épouser par le professeur Porter ! me jeta-t-elle à la figure.

Je vis enfin le vrai visage de madame Smith. Une femme qui n'était que méchanceté, convoitise, tromperie. Je repris mon calme.

— Je suis une honnête femme, moi, madame ! Et je ne circule pas la nuit dans les sous-sols de cette maison à la recherche d'un document !

Trop tard, je l'avais dit.

Elle resta un moment interdite par ce que je venais de dire.

Le notaire arriva sur cette entrefaite et nous entrâmes dans la villa afin de parler de tout cela en toute discrétion.

Je vis enfin le fameux testament dans lequel étaient consignées les dernières volontés du grand-père de John. « La villa reviendrait de plein droit et tout ce qu'elle contenait aux descendants Smith s'il n'y avait plus d'héritiers Porter en ligne directe. » J'étais anéantie et je ne pouvais malheureusement pas présenter ce nouveau testament dont Marianne parlait dans son journal puisque je ne l'avais pas trouvé.

— Je veux que cette femme quitte cette maison sur-le-champ, commanda madame Smith.

— Vous pourriez au moins lui donner un délai, proposa le notaire, gêné par la mauvaise éducation de sa cliente.

— Non ! Tout de suite, et je veillerai à ce qu'elle ne prenne rien d'autre que ce qui lui appartient !

Il ne me restait plus qu'à faire ma valise et

prendre mon chat Bill. Je me sentais tellement las de tous ces tracas. Il y avait d'abord eu la mort de John et puis ça. J'avais le cœur lourd de devoir quitter cet endroit qui m'avait adopté. Je ne connaitrai donc jamais cette pièce de lumière dont Marianne parlait tant dans son journal et ses couloirs secrets dissimulés derrière les caisses de la cave.

Lorsque mes affaires furent prêtes et sous l'œil inquisiteur de la nouvelle propriétaire, je gagnai la cuisine. Une chose m'importait de prendre et cet objet me revenait de plein droit puisqu'il s'agissait du journal de Marianne. Lorsque je le sortis de sa cachette, les yeux de madame Smith s'agrandirent de surprise. Elle essaya de me l'arracher des mains, mais je tins bon. Dans cette lutte, la couverture du journal se déchira et des feuillets tombèrent sur le sol. Je m'empressai de les relever et à ma grande surprise je découvris qu'il s'agissait du testament revu et corrigé par le grand-père de John. Celui-là même que Marianne avait sorti du tiroir secret du secrétaire. Je le tendis aussitôt à Maître Green. Madame Smith essaya de l'intercepter, mais le notaire fut le plus rapide. Et dans l'attente de la décision de cet homme de loi, la dernière phrase de Marianne me revint à l'esprit : le testament sera délivré au bon moment.

Ces derniers mots, dans ces instants où ma vie pouvait basculer dans un sens comme dans l'autre, m'aidèrent à retrouver confiance en la vie. Tout n'était peut-être pas perdu.

Après un long examen, Maître Green prit la parole :

— Je suis désolé, madame Smith. Ce nouveau testament est valable. Il annule toutes les dispositions prises en votre faveur et donne raison à Madame Porter. Cette villa revient de plein droit à la veuve de John Porter.

À cette annonce, madame Smith entra dans une colère folle et elle quitta la villa en menaçant le notaire et moi-même de porter plainte.

Maître Green me proposa de s'occuper de mes affaires de famille. Je le remerciai, mais j'étais décidée à conserver mon notaire de Londres.

Lorsque je me retrouvai à nouveau seule dans la villa, le panier de mon chat et ma valise à mes pieds, je me sentis soudain très lasse. Pourtant tout n'avait pas encore été réglé. L'assassin ou les assassins de John n'avaient toujours pas été appréhendés. Il me tardait de recevoir un appel de l'inspecteur Maxwell.

Alors que je remettais en place les affaires qui se trouvaient dans ma valise, la cloche tinta. Ce son ne m'inquiéta pas. J'avais retrouvé ma confiance avec le testament caché dans le journal de Marianne. Et je savais à cet instant qu'il ne pouvait s'agir que de l'inspecteur en charge de l'enquête. Pour la deuxième fois de la journée, je l'invitai à entrer dans ma maison.

— J'ai de bonnes nouvelles, madame Porter. Des empreintes ont été trouvées sur le micro. Il s'agit de celles de madame Smith !

Je poussai un ouf de soulagement.

— J'ai donc demandé une perquisition à son domicile et elle va être emmenée ainsi que son époux au poste de police. Ils vont y être interrogés, continua-t-il.

— Merci inspecteur. Et pour l'accident de John ? demandai-je.

— J'ai de fortes présomptions contre ces gens, madame. L'interrogatoire, qui va suivre, j'en suis sûre, fera toute la lumière sur cette affaire. Je tenais à vous le faire savoir en me déplaçant moi-même au lieu de vous téléphoner, termina-t-il.

L'émotion était trop forte et tout ce stress, emmagasiné ces derniers jours, eut raison de mes dernières forces.

Lorsque l'inspecteur quitta la villa, je vérifiai que toutes les portes étaient bien fermées à clé et m'allongeai sur le canapé du salon. Enfin, j'allais pouvoir avoir une pensée pour mon aimée et commencer mon travail de deuil. Je m'endormis ce soir-là dans un sommeil de plomb, mon chat Bill couché tout contre moi.

Chapitre 19

Deux mois, déjà deux mois que mon John m'a quittée. J'ai l'impression que c'était hier. Il me manque terriblement, mais j'apprends, jour après jour, à vivre sans cet homme merveilleux.

Une certaine justice lui a été rendue puisque monsieur et madame Smith dorment dorénavant dans la villa que la justice leur a assignée, c'est-à-dire la prison. La police a obtenu rapidement des aveux. Ce testament, établi trois générations plus tôt, a contrôlé, dirigé la vie de ces gens jusqu'à les conduire à commettre l'irréparable comme si un gène malsain s'était greffé à leur ADN.

Les objets précieux ont retrouvé leurs places à la villa et je m'essaye à redonner à cet endroit tout son faste d'antan.

Madame Smith avoua que le micro avait été placé suite à une demande anonyme qui lui avait été faite contre une forte somme d'argent. Pour cela l'enquête était toujours en cours et je ne pensais pas qu'elle aboutirait un jour. Un fait était pourtant à noter, la conférence de E.J Vince n'eut pas eu le succès escompté. Rien de ce qu'il avait présenté ne pourrait conduire un jour à l'élaboration d'une machine à énergie libre. Sa crédibilité en avait pris un coup. Fait bizarre, il avait fait savoir qu'il prenait sa retraite alors que le couple Smith était condamné à la prison pour meurtre et vol. Certaines coïncidences sont parfois difficiles à accepter. À cet instant, je suis la seule à savoir de quoi est capable cet homme. Certaines personnes semblent vraiment être au-dessus des lois, mais j'ai la certitude qu'un jour la justice se retrouvera sur son chemin, car un loup ne devient jamais un agneau.

Cette pensée m'aide à avancer et à croire qu'il existe quand même une certaine justice. Les documents de John n'ont jamais été retrouvés. Peu importe maintenant, j'ai fait déposer des brevets sur les doubles qui étaient restés dans la cache secrète. Grâce à ces brevets, le travail de John est enfin reconnu.

Il y a quelques jours, j'ai fait appel à une société spécialisée afin qu'elle sonde les sous-sols de la villa et qu'elle condamne l'entrée du souterrain. À l'origine, cette entrée se trouvait sur les terres de la Villa des pierres suspendues. Au fil des ans, faute d'argent, la propriété a été morcelée et faits curieux, les acquéreurs ont toujours été les mêmes personnes : les Smith. Ce passage devait être connu depuis très longtemps et même dès la première installation des Porter en Angleterre.

Une chose pourtant m'a un peu surprise. Dans tous ces travaux de fouilles, nulle trace de la pièce de lumière. En tous cas, il n'a été trouvé aucun accès qui aurait pu y conduire. Marianne restera donc seule détentrice de ce secret. Pourtant, je sens toujours un fort appel provenant de Stonehenge. J'ai donc décidé de consacrer un livre à ce magnifique site archéologique.

Chaque semaine, j'apporte des fleurs sur la tombe de John. J'ai retrouvé une certaine paix intérieure et j'ai enfin lâché prise sur les évènements de ma vie. J'accueille chaque jour comme s'il était le dernier et m'émerveille pour les choses simples de mon existence. Ainsi va ma vie maintenant. Et avec le décès de John est mort aussi mon désir de trouver un fil conducteur qui me conduirait à trouver la formule qui me permettrait d'atteindre d'autres dimensions. Pour cela aussi, je crois que le genre humain n'est pas encore prêt. Désolée Monsieur Einstein, mais ma quête, d'en savoir plus, s'arrête là.

Lorsque je regagnai la villa, Bill fut heureux de me retrouver. Ce soir-là, j'étais décidée à trier mes photos pour mon futur livre sur Stonehenge.

Alors que je travaillais depuis plus d'une heure sur les clichés, je sentis soudain un vertige me gagner. Cela faisait longtemps que je n'avais pas ressenti ce genre de malaise. Je ne pris pas peur et m'allongeai aussitôt sur le canapé.

Je fermai les yeux. Le tournoiement s'accentua

et je sentis soudain mon corps se dédoubler. Pour avoir déjà expérimenté, cette sortie, je ne pris pas peur. Je laissai faire les choses et bientôt, je me retrouvai au sous-sol. Et sans hésitation, ce corps éthérique, qu'était le mien, traversa un mur de pierre. Un mur de pierre que j'avais longé avec les ouvriers venus boucher la sortie des caves. Nous n'avions trouvé aucune porte pour accéder dans la pièce où je me trouvai actuellement.

J'avais sous les yeux, avec une vision à 360°, la pièce de lumière. La copie exacte du site de Stonehenge avec en plus toutes ses portes. Une lumière éclatante brillait en son centre et l'intérieur des portes brillait d'une lumière bleutée. Une porte s'imposa rapidement à moi. À peine, cette pensée traversait mon esprit que je me retrouvai devant. Aussitôt, une force m'aspira et me propulsa à une vitesse vertigineuse dans un endroit empli de lumière. Tout me sembla alors plus beau, plus lumineux. Les couleurs avaient une intensité que je n'avais jusqu'alors jamais rencontrée. Je me trouvais dans un jardin magnifique ou les fleurs embaumaient de mille parfums. Au loin m'arrivait le chant des oiseaux. À cet instant, je ne voulus pas me poser la question de savoir où j'étais sinon une seule réponse me serait venue à l'esprit : le paradis. Je ne paniquai pas sachant que je pouvais retrouver mon corps physique, resté allongé sur le canapé. Je compris ce que pouvaient ressentir les personnes qui avaient vécu des expériences hors du corps. Cette expérience était tellement magnifique qu'à vie, jamais je ne pourrais l'oublier. J'allais réintégrer mon corps lorsque soudain, je sentis une présence près de moi. Et je sus instinctivement que c'était John. Mon John qui m'attendait comme s'il avait su que j'allais venir. J'avais encore une preuve qu'il n'y avait pas de hasard. Le hasard n'existait pas. Notre chemin était déjà tracé bien avant notre naissance et cette connaissance, de ce que je venais de penser, faisait partie intégrante de ma personne, comme si je l'avais toujours su, mais que je n'en avais jamais eu conscience. Notre passage sur terre n'était donc qu'un voyage et nous revenions toujours à la maison, cette maison même où je me trouvais à cet instant.

J'étais émue de le voir et de sentir la force de son amour. Il me souriait et je lui souriais. Je savais que je ne resterais que peu de temps, dans ce magnifique jardin et John de me dire que ma vie sur terre n'était pas encore terminée. J'avais encore des choses à accomplir et qu'il m'attendrait. Je voulais que cet instant ne s'arrête jamais et je savais que de cette expérience, ma vie en serait profondément changée. Je n'avais plus peur et je compris à cet instant combien j'étais aimée.

Soudain cette force invisible qui m'avait amenée en ces lieux me ramena dans la pièce de lumière et la lumière bleutée de la porte s'éteignit. Je compris à cet instant qu'il ne me serait plus possible de voir John à nouveau à moins de perdre la vie. Les autres portes quant à elles brillaient toujours de cette même lumière bleutée. D'autres chemins pour d'autres horizons. Mais à cet instant, je n'avais guère l'envie d'expérimenter ces endroits. Je n'avais qu'une seule envie réintégrer mon corps et digérer l'expérience que je venais de vivre.

En une fraction de seconde, mon corps éthérique regagna mon corps physique. Dès cet instant, ce fut comme une renaissance. Je me sentis transformée. Un bonheur immense m'emplissait le cœur. Et pour ceux qui en doutaient encore, j'avais eu la preuve que la mort n'existait pas. Notre corps était un véhicule qui nous permettait de mener notre vie sur la terre, mais une partie de nous, la plus importante, notre âme, retournait à la maison dès que notre corps physique mourrait.

Je n'avais plus peur. Je n'étais plus seule puisque John était là près de moi. Je n'avais plus qu'à terminer, ce pour quoi je m'étais incarnée. J'avais ma petite idée et pourquoi ne pas accueillir des enfants et leur donner la Villa des pierres suspendues pour foyer.

À cet instant, je ressentis un profond bonheur et je sus que ma décision venait d'être approuvée par John, l'homme que je ne cesserai jamais d'aimer.

Dépôt legal Mai 2015